Jörg Löhr/Ulrich Pramann

30 Minuten für mehr
Erfolg

30-Minuten-Reihe

Die Deutsche Bibliothek – CIP-Einheitsaufnahme

Löhr, Jörg:
30 Minuten für mehr Erfolg / Jörg Löhr.
   (30-Minuten-Reihe)
   ISBN 3-89749-127-3

Redaktion: Astrid Hansel, Frankfurt am Main
Umschlag und Layout:
emb communications, Darmstadt
Satz: Jacobs Typographie & Design, Offenbach
Druck und Verarbeitung: Salzland Druck, Staßfurt

© 2001 GABAL Verlag GmbH

4. Auflage 2004

Alle Rechte vorbehalten. Nachdruck, auch auszugsweise, nur mit
schriftlicher Genehmigung des Verlags.

Hinweis:
Das Buch ist sorgfältig erarbeitet worden. Dennoch erfolgen alle Anga-
ben ohne Gewähr. Weder Autoren noch Verlag können für eventuelle
Nachteile oder Schäden, die aus den im Buch gemachten Hinweisen
resultieren, eine Haftung übernehmen.

Printed in Germany

ISBN 3-89749-127-3
www.gabal-verlag.de
info@gabal-verlag.de

In 30 Minuten wissen Sie mehr!

Dieses Buch ist so konzipiert, dass Sie in kurzer Zeit prägnante und fundierte Informationen aufnehmen können. Mit Hilfe eines Leitsystems werden Sie durch das Buch geführt. Es erlaubt Ihnen, innerhalb Ihres persönlichen Zeitkontingents (von 10 bis 30 Minuten) das Wesentliche zu erfassen.

Kurze Lesezeit
In 30 Minuten können Sie das ganze Buch lesen. Wenn Sie weniger Zeit haben, lesen Sie gezielt nur die Stellen, die für Sie wichtige Informationen beinhalten.

- Alle wichtigen Informationen sind blau gedruckt.

- Schlüsselfragen mit Seitenverweisen zu Beginn eines jeden Kapitels erlauben eine schnelle Orientierung: Sie blättern direkt auf die Seite, die Ihre Wissenslücke schließt.

- *Zahlreiche Zusammenfassungen innerhalb der Kapitel erlauben das schnelle Querlesen. Sie sind blau gedruckt und zusätzlich durch ein Uhrsymbol gekennzeichnet, so dass sie leicht zu finden sind.*

- Ein Register erleichtert das Nachschlagen.

Inhalt

Vorwort	**6**

1.	**Was ist Erfolg?**	**10**
	Was Erfolg für Erfolgreiche heißt	12
	Erfolg heißt Lebenserfolg	13
	Erfolg beginnt im Kopf	15
2.	**Die wichtigsten Tugenden für Erfolg**	**20**
	Erfolg ist kein Zufall	21
	Eigenschaften und Fähigkeiten, die zum Erfolg führen	22
3.	**Die gefährlichsten Feinde des Erfolgs**	**34**
	Ausreden	35
	Gier und Arroganz	39
	Mangelnde Kritikfähigkeit und Perfektionismus	40
4.	**Warum Erfolg Einstellungssache ist**	**44**
	Das Unterbewusstsein	45
	Die richtige Programmierung	47
	Die wichtigsten Ziele finden	50
	Schritt für Schritt zum Ziel	51
5.	**So packen Sie den Erfolg konkret an**	**54**
	Ins Handeln kommen	55
	Verhalten erfolgreich steuern	57
	Die zehn Schritte zur Verhaltensänderung	59

Inhaltsverzeichnis

6. **Die eigenen Erfolgs-Chancen weiter**
verbessern **64**
Gesundheit und Fitness 65
Soziale Kompetenz 71
Der Spaßfaktor 74

Anhang:
Der Power-Plan 75
Die zehn Erfolgs-Regeln 76
Veranstaltungen und Seminare 77

Weiterführende Literatur **79**

Vorwort

Lebenserfolg ist das höchste Glück. Und das Schönste: Prinzipiell hat jeder alle Voraussetzungen und Möglichkeiten in sich, die für den Erfolg nötig sind.
Erfolg ist kein Zufall und keine Glückssache. Erfolg fällt auch nicht vom Himmel. Man muss schon etwas dafür tun, sich ein bisschen mehr anstrengen. Denn jeder ist für seinen Erfolg selbst verantwortlich. Erfolg kann und muss man planen.

Die Einstellung zum Erfolg ist entscheidend
Erfolge entstehen im Kopf. Misserfolge auch. Es kommt also ganz entscheidend auf die Einstellung zum Erfolg an. Was wollen Sie wirklich? Was trauen Sie sich zu? Glauben Sie an sich und Ihre Möglichkeiten? Sind Sie bereit, sich auf die Spielregeln für Erfolg einzulassen? In diesem Buch erfahren Sie im Schnellkurs,
- wie Sie sich eine Erfolgs-Mentalität aneignen,
- welche Qualitäten (Erfolgs-Tugenden) wichtig sind,
- welche Feinde den Erfolg torpedieren können,
- warum ein gesunder Lebensstil, also Fitness, bewusste Ernährung, Zeit für Entspannung, soziale Kompetenz und der Spaßfaktor Ihre Erfolgs-Chancen verbessern.

Lebenserfolg = Lebensglück
Was glauben Sie: Wodurch unterscheiden sich glückliche von unglücklichen Menschen? Stimmt, richtig glücklich sind wir dann, wenn wir das Gefühl haben: Wir werden nicht gelebt, sondern steuern unseren

Lebenslauf selbst. Als Chef ihres Lebens – so sehen sie sich: glückliche Menschen. Sie kennen ihr Ziel und tun, was sie können, um erfolgreich zu sein.

Erfolgreiche Menschen sind aktiv und haben eine Vorstellung davon, was sie erreichen wollen.
Erfolglose Menschen reden immer nur davon, dass sie eigentlich etwas tun müssten. Sie bejammern ihre Situation. Sie finden immer wieder eine Ausrede, warum sie gerade nichts tun. Oder sie tun das, was sie immer schon tun. Für erfolglose Menschen sind immer die anderen schuld oder die Umstände.

Wie Gewinner denken
Erfolgreiche Menschen übernehmen selbst die Verantwortung. Für sich, für das eigene Leben und für ihren Lebenserfolg.
Erfolgreiche wissen: Wenn ich tue, was ich immer tue, werde ich nur das bekommen, was ich immer bekommen habe. Sie kleben also nicht an ihren Gewohnheiten, sie sind offen und bereit, dazuzulernen, sie sind flexibel. Wer den Hafen nicht kennt, in den er segeln will, für den ist kein Wind günstig. Wir wollen in diesem Buch zeigen, woher der Erfolgswind weht.

Viel Erfolg wünschen Ihnen

Jörg Löhr und Ulrich Pramann

Test

Was tue ich heute schon, um erfolgreich zu sein?

	Ja	Nein
Übernehme ich für meine Zukunft selbst die Verantwortung?	☐	☐
Sind meine Ziele klar, habe ich sie schriftlich fixiert?	☐	☐
Bin ich bereit, den Preis für den Erfolg zu zahlen?	☐	☐
Kenne ich meine Stärken?	☐	☐
Bin ich wenigstens auf einem Gebiet besser als andere?	☐	☐
Bin ich bereit, mir ständig neues Wissen anzueignen?	☐	☐
Habe ich wirklich ein hohes Maß an Geduld?	☐	☐
Habe ich bei schwierigen Aufgaben häufiger schon echte Disziplin bewiesen?	☐	☐
Kenne ich meine Gewohnheiten, die mich aufhalten?	☐	☐
Kann ich mich von Überzeugungen, die mir häufig im Weg stehen, freimachen?	☐	☐

Test

Verhalte ich mich in Stresssituationen wirklich souverän? ☐ ☐

Bin ich fit genug, um Spitzenleistungen zu bringen? ☐ ☐

Kann ich mich gut selbst motivieren? ☐ ☐

Bin ich davon überzeugt, dass für mich (fast) alles möglich ist? ☐ ☐

Habe ich schon eine Strategie, die mir den Erfolg bringen soll? ☐ ☐

Auswertung:

10 - 15 Mal Nein: Gratulation, dass Sie Bereitschaft zeigen, sich intensiv mit dem Thema Erfolg und seinen Spielregeln auseinander zu setzen.

6 - 9 Mal Nein: Ihr Wissen um das Phänomen Erfolg ist noch lückenhaft. Aber Sie haben es selbst in der Hand, Ihre Einstellung zum Erfolg zu optimieren!

3 - 5 Mal Nein: Klasse, Sie sind schon sehr gut im Bilde. Dann wissen Sie ja auch, dass Erfolg ein immerwährender Prozess ist, mit dem man sich ständig beschäftigen sollte.

1 - 2 Mal Nein: Hey, Sie sind ja schon bestens im Bilde, welche Qualitäten ein Erfolgstyp mitbringen muss!

1. Was ist Erfolg?

*Welche Rolle spielen persönliche
Ziele?*   *Seite 14*

*Wie wichtig ist die innere
Einstellung?*   *Seite 15*

*Welche Bedeutung hat
Veränderung für den persönlichen
Lebenserfolg?*   *Seite 16*

Erfolg ist ein magisches Wort. Erfolg ist anziehend und sexy. Erfolg macht attraktiv. Erfolg zieht Erfolg an. Erfolg ist ein allgegenwärtiger Maßstab in unserem Leben.

Erfolg bedeutet für jeden etwas anderes
Fragen Sie einmal herum, was andere als Erfolg betrachten. Die Antworten sind ganz unterschiedlich. Meine Kinder anständig großzuziehen. Zehn Kilo abzuspecken. Die Führerscheinprüfung zu bestehen. Trotz Sauwetters das Training nicht sausen zu lassen. Das Leben positiv zu sehen. Mut zu haben und Mut zu zeigen.
Es gibt ein paar Merkmale für Erfolge, die fast alle Menschen anstreben:
- ein dickes Konto, ein tolles Auto, ein großes Haus
- das Leben in vollen Zügen genießen zu können
- Anerkennung und Respekt
- Glück in der Liebe
- Karriere

Beruflich Erfolgstyp, privat Amateur
Bei uns wird Erfolg oft mit Erfolg im Job gleichgesetzt. Das ist ein bisschen kurz gesprungen. Früher oder später müssen Sie dann die bittere Erfahrung machen, dass beruflicher Erfolg kein Ersatz ist für mangelnden privaten und zwischenmenschlichen Erfolg. Erfolg ist mehr. Erfolg heißt: Lebenserfolg.

Erfolg ist nicht gleichzusetzen mit Geld und Macht. Erfolg bedeutet, das Beste aus sich und seinem Leben zu machen.

1. Was ist Erfolg?

1.1 Was Erfolg für Erfolgreiche heißt

Schon immer war Erfolg ein heißes Thema, über das sich viele kluge Köpfe Gedanken gemacht haben. Eine kleine Auswahl:

- Erfolg ist die Belohnung für schwere Arbeit (Sophokles).
- Erfolg ist ein perfektes Parfüm (Henry Kissinger).
- Um Erfolg zu haben, muss man so aussehen, als habe man Erfolg (Valentin Polouch).
- Wer Angst vor Misserfolg hat, wird niemals wirklich Erfolg haben (Malcolm Forbes).
- Erfolg ist ein Weg, kein Ziel (Deepak Chopra).

Wenn Sie wirklich Erfolg haben wollen, wenn Sie sich konsequent dafür einsetzen, wenn Sie also bereit sind, den Preis für Ihren Erfolg zu zahlen, dann sollten Sie zunächst einmal prinzipiell für sich klären:

- Was genau verstehe ich unter Erfolg?
- Welche Art von Erfolg strebe ich an?
- Warum will ich diesen Erfolg überhaupt?

Check: Was bedeutet Erfolg für mich persönlich?

Persönlicher Erfolg heißt für mich (in einem Satz formuliert):

_____

_____

Als erfolgreiche Vorbilder fallen mir ein (drei Beispiele):

_____

Kriterien für Erfolg | 1

An ihnen schätze ich folgende Eigenschaften und Erfolgs-Tugenden:

_____

_____

Meine Vorstellung von Erfolg wurde geprägt von ...

_____

_____

Erfolgreiche Menschen und Versager unterscheiden sich meiner Meinung nach durch:

_____

_____

1.2 Erfolg heißt Lebenserfolg

Soviel steht fest: Auch wenn sich manche hinter einer Fassade verstecken, wir wollen alle mehr oder weniger dasselbe. Geld, Glanz, Macht, Bewunderung, Liebe, sexuelle Befriedigung – Erfolg eben. Doch Erfolg ist eben mehr als das große Geld oder der Luxus, sich kleine Marotten leisten zu können. Erfolg ist auch mehr als Macht, Ruhm oder Ansehen.

Mehr als materielle Werte
Wir wollen uns alle sicher und geliebt fühlen. Wir spüren, dass materielle Werte nicht alles sind. Wir wollen ausgeglichen, gelassen, glücklich leben – das Leben erfolgreich meistern. Erfolg ist auch:
• Gesundheit und Lebensfreude

1. Was ist Erfolg?

- positive Lebensenergie
- erfüllende Beziehungen
- emotionale Stabilität und Seelenfrieden

Persönliche Ziele

Erfolg, so steht´s im Lexikon, bedeutet das Erreichen eines Ziels. Dieses Ziel oder diese Ziele müssen wir zunächst einmal für uns selbst finden. Erfolg muss nicht heißen, dass wir viel in unserem Leben erreichen – verglichen mit anderen. Erfolg heißt vielmehr, dass wir das Beste aus dem eigenen Leben machen – verglichen mit den Möglichkeiten, die in uns stecken.

Die persönliche Zielsetzung ist für den Erfolg ganz wesentlich. Schließlich hängt jedes Erfolgs-Erlebnis davon ab, ob das Ergebnis mit den selbst gesetzen Erwartungen übereinstimmt.

Check: Die persönlichen Erfolgs-Erwartungen

Machen Sie eine Bestandsaufnahme Ihres momentanen Zustands. Beantworten Sie dazu folgende Fragen:

- Was waren in den letzten zwölf Monaten Ihre größten Erfolge – und wie haben Sie diese erzielt?

- Überlegen Sie: Was genau möchten Sie in den folgenden Lebensbereichen noch mehr erreichen:
  - im eigenen Verhalten und in der Einstellung zu sich selbst?
  - im Verhalten zu Ihrer Familie, Ihren Freunden?
  - im Verhalten gegenüber anderen im beruflichen Umfeld?

Persönliche Ziele 1

  – Verbesserung körperlicher und geistiger Fitness/
    Energie?

• Was sind Ihre drei größten Stärken?

• Welche Wünsche möchten Sie sich in Ihrem Leben
  noch erfüllen – und warum ist das so wichtig für Sie?

• Was hat Sie bislang daran gehindert, Ziele zu erreichen,
  die Sie sich selbst gesteckt haben?

• Welche Eigenschaften oder Gewohnheiten, die Sie in
  Ihrem Weiterkommen behindern, möchten Sie ablegen?

• Welche Eigenschaften/Gewohnheiten/Fertigkeiten
  möchten Sie noch erwerben, weil Sie glauben, sie
  seien besonders wichtig für Ihr persönliches Weiterkommen?

1.3   Erfolg beginnt im Kopf

„Die größte Revolution meiner Generation ist die
Entdeckung der Tatsache, dass Menschen durch die
Veränderung ihrer inneren Einstellung ihre äußeren
Lebensumstände verbessern können", sagte Harvard-
Professor Dr. James bereits 1905. Alle erfolgreichen
Menschen haben diese Erfolgsmentalität: Sie vertrauen
auf sich. Sie wissen, dass sie in der Lage sind, alles zu
lernen und alles Nötige zu tun, um zu ihrem Ziel zu
kommen.

1. Was ist Erfolg?

Das Realitätsprinzip

Wenn man Erfolgsstories genauer betrachtet, wird man feststellen, dass Erfolgreiche nach dem sogenannten Realitätsprinzip leben.

Fakt ist: Wir müssen die Welt so nehmen, wie sie ist. Wunschdenken allein bringt nichts. Aber mit Realitätssinn erleben wir, dass wir letztlich doch alles in der Hand haben – all unsere Entscheidungen, die unser Schicksal bestimmen.

Das Prinzip „Love it, leave it or change it"

Wir können, wenn wir wirklich wollen, jede Situation ändern. Denn wir können in jeder Situation zumindest aus diesen drei Möglichkeiten wählen:

- Lieben Sie das, was Sie tun (love it),
- Verändern Sie, was Ihnen nicht gefällt (change it),
- Lassen Sie doch, was Ihnen nicht paßt. Verlassen Sie das Spielfeld, die Situation, wenn sie Ihnen nicht gefällt (leave it).

Die Komfort-Zone

Wenn wir uns an etwas gewöhnt haben, richten wir uns damit ein. Die meisten fahren auf eingefahrenen Gleisen. Sie scheuen Veränderungen, obwohl sie nicht wirklich mit ihrer Situation zufrieden sind.

Die meisten haben es gern bequem. Sie machen es sich bequem. Und aus ihrer selbst geschaffenen Komfort-Zone wird eine Komfort-Falle, aus der sie nur ganz schwer herauskommen. Doch Wachstum, und somit auch Erfolg, findet nur außerhalb dieser Komfort-Zone statt. Sie sollten die bequeme Haltung aufgeben, die

Karten neu mischen und ein bisschen mehr Bewegung ins Leben bringen. Sie müssen dazulernen. Sie müssen offen sein für Neues. Sie sollten sich ein paar neue Kenntnisse aneignen. Sie sollten Einsatzfreude und Begeisterung mitbringen, und Sie müssen sich sicher auch anstrengen. Das ist nicht leicht, aber es ist längst nicht so schwer, wie sie denken. Sie können, wenn Sie wollen. Aber sie müssen wirklich wollen. Sie müssen sich aus Ihrer Komfort-Zone herausbewegen.

Das Erfolgsgesetz von Ursache und Wirkung
Von nichts, kommt nichts. Das ist ein Naturgesetz. Wer nichts sät, kann auch nichts ernten. Die Natur macht es uns vor:

- Wir müssen den festen Wunsch und Willen haben, etwas zu säen – und dann hinaus aufs Feld.
- Wir müssen säen, bevor wir ernten können. Wir können nicht den Lohn erwarten, bevor wir etwas getan haben. Erst die Investition, dann der Gewinn und eventuelle Zinsen.
- Was wir säen, können wir ernten – aber nur das. Wenn wir einen Pflaumenbaum pflanzen, dürfen wir nicht erwarten, dass wir eines Tages Bananen pflücken werden.
- Wir ernten, was wir säen. Wenn das Saatgut von guter Qualität ist, wird Gutes gedeihen. Wenn wir schlechte Qualität aussäen, wird die Ernte auch schlecht ausfallen.
- Wir müssen akzeptieren, dass wir nicht gleich nach der Aussaat die Früchte ernten können. Dazwischen liegt natürlich die Zeit des Wachstums und der Reife.
- Wir müssen immer mit einem Restrisiko leben. Es

1. Was ist Erfolg?

kann passieren, dass ein Teil der Ernte verhagelt, der Wurm drin ist, die Saat nicht so aufgeht, dass nicht alles geschieht, wie wir das wünschen.

Die innere Haltung

Unsere innere Einstellung ist der Schlüssel zum Erfolg. Selbstkritisch sein heißt – nicht negativ sein. Negative Gedanken („Ich kann sowieso nichts ändern", „Ich Pechvogel", „Immer ist alles gegen mich") wirken leistungshemmend. Wir müssen uns davon befreien. Wir müssen negative Gedanken („Das geht sicher wieder voll daneben") durch produktive Gedanken ersetzen: „Das ist eine gute Gelegenheit, jetzt kann ich zeigen ..."
Sie sollten immer sagen und denken, was Sie wünschen und wollen – und nicht, was Sie nicht wollen.

Positiv sein

Erfolg kommt nicht von ungefähr. Was Ihnen widerfährt, hängt nicht von Glück oder Zufall ab. Es gibt für alles einen Grund. Alles, was wir tun, denken oder sagen, hat Auswirkungen auf unser Leben.

Erfolgreiche Menschen – die tun was

Eine positive Einstellung allein, also die Fähigkeit, sich nur positive Ergebnisse vorzustellen, reicht natürlich nicht aus. Sie sollten auch

- selbstkritisch sein,
- Schwächen erkennen,
- die eigene Leistung konstruktiv bewerten,
- Lösungen suchen,
- Konzepte entwickeln,

- die Möglichkeiten und den Weg zum Ziel erkennen,
- ins Handeln kommen,
- Stärken stärken,
- hart arbeiten.

Erfolg ist meistens verbunden mit harter Arbeit. Zum Erfolg gibt es leider keine Abkürzungen. Tröstlich: Erfolgreiche Menschen müssen nicht grundsätzlich andere Dinge machen, sie sollten nur ein paar grundsätzliche Dinge ein bisschen anders machen.

Erfolg ist eine Frage der Definition. Jeder muss selbst herausfinden, was er im Leben erreichen möchte, und Strategien entwickeln, damit ihm dies gelingt. Wer Erfolg haben will, muss bereit sein, sich zu verändern und weiterzuentwickeln:
- *Verabschieden Sie sich von dem Gedanken, Erfolg sei abhängig vom Zufall, und seien Sie bereit, für Ihren Erfolg hart zu arbeiten.*
- *Ändern Sie Ihre innere Einstellung: Ersetzen Sie negative Gedanken durch konstruktive Gedanken.*
- *Verlassen Sie die Komfort-Zone, und bringen Sie Bewegung in Ihr Leben.*

2. Die wichtigsten Tugenden für Erfolg

Ist Erfolg nicht einfach Glückssache?   *Seite 21*

Gibt es bestimmte Fähigkeiten und Eigenschaften, die wichtig sind, um erfolgreich zu sein?
    Seite 22

Wie hängen Lebensfreude und Erfolg zusammen?   *Seite 28*

Zufall oder Glück? 2

Keiner kann sich seine Eltern aussuchen, seine Gene und die Umgebung, die ihn frühkindlich prägen. Dies alles ist wichtig, aber nicht alles entscheidend. Ebenso wenig wie jene Erfolgsfaktoren, die Erfolglose gerne bemühen: Zufall und Glück.

Zufall? Glück? Nach einem sensationellen Schlag sagte der Golfspieler Gary Player einmal: „Stimmt, das war ein Glücksschlag. Allerdings: Je mehr ich übe, umso mehr Glück habe ich."

2.1 Erfolg ist kein Zufall

Es ist bequem, glückliche Umstände oder den Zufall als Grundlage für Erfolg zu betrachten. Doch der Boden muss schon beackert sein, damit das Glück überhaupt keimen kann. Und auch dann bleiben Anstrengungen nicht erspart. Zu hoffen, dass das Ausfüllen eines Lottoscheins zum Erfolg führt, ist töricht. Vor den Erfolg haben die Götter bekanntlich den Schweiß gesetzt.

Der Schlüssel zum Erfolg
Erfolg ist kein Schloss mit sieben Siegeln. Jeder kann Erfolg haben. Studieren Sie die bewährten Erfolgsmethoden, nehmen Sie sich ein Beispiel an Erfolgreichen, und übernehmen Sie (wenigstens teilweise) deren Strategien, die sich offenbar bewährt haben.

Sie sind die Hauptfigur
Starren Sie nicht zu sehr auf glanzvolle Erfolgsstories. Behalten Sie Ihr persönliches Ziel im Auge – und den Weg zu Ihrem Ziel.

2. Die wichtigsten Tugenden für Erfolg

Vergleichen Sie nicht, fragen Sie besser:
- Was habe ich erreicht, verglichen mit dem, was ich eigentlich erreichen könnte?
- Was tue ich für meinen Erfolg, verglichen mit dem, was mir möglich wäre?
- Bringt mich das, was ich heute für meinen Erfolg tue, meinen Zielen näher?

Jeder kann erfolgreich sein. Orientieren Sie sich an Leuten, die schon erreicht haben, was Sie sich vorgenommen haben, aber vergessen Sie nicht, sich auf sich selbst und auf Ihre persönlichen Ziele zu konzentrieren.

2.2 Eigenschaften und Fähigkeiten, die zum Erfolg führen

Auch Erfolgstypen haben immer mit einem ersten Schritt begonnen und dann ihren Weg beharrlich und konsequent verfolgt. Für den Erfolg sind gewisse Eigenschaften und Fähigkeiten unverzichtbar.

Beharrlichkeit
Die meisten schaffen den Weg zum Erfolg nicht deshalb nicht, weil sie scheitern, sondern weil sie kapitulieren. Manchmal mittendrin, meistens schon, wenn sich der erste Misserfolg einstellt. Sie haben einfach zu wenig Ausdauer, sind zu wenig beharrlich. Dabei ist ein Misserfolg die Chance, es beim nächsten Mal besser zu machen. Ein altes chinesisches Sprichwort sagt: Dem Menschen wäre nichts unmöglich, hätte er die Beharrlichkeit.

Erfolgs-Tipps:

- Akzeptieren Sie die Tatsache, dass der Weg zum Lebenserfolg steinig ist.
- Erzeugen Sie externen Druck. Erzählen Sie Ihrem Umfeld, was Sie bewegen werden. Vielleicht hilft auch eine Wette.

Begeisterungsfähigkeit

Hingabe, Leidenschaft, Enthusiasmus. Begeisterung ist die positive Kraft der Zuversicht. Wer begeistert ist, entwickelt enorme Ausdauer, er spornt andere an, bewegt sie. Echte Begeisterung steckt an, reißt mit. Begeisterung entsteht, wenn Sie wirklich an das glauben, was Sie machen – und wenn Sie an sich selbst glauben. Wenn Sie etwas unbedingt tun wollen.

Erfolgs-Tipps:

- Setzen Sie sich ein attraktives Ziel, und sorgen Sie dafür, dass Ihre persönlichen Werte in Ihren Zielen enthalten sind.
- Entscheiden Sie sich für vollen Einsatz. Legen Sie Emotion und Zuversicht in Ihre Worte. Zeigen Sie durch Körperspannung Ihre Begeisterung.

Entscheidungskraft

Kennen Sie die Geschichte vom Esel und den zwei Heuhaufen? Jeder Haufen duftete verführerisch, beide waren ganz nah und boten reichlich zu Mümmeln. Doch der Esel konnte sich nicht entscheiden, zu welchem Heuhaufen er trotten sollte – und er verhungerte. Sicher, Sie sollten erst nachdenken, bevor Sie sich entscheiden. Viele Entscheidungen sind schwierig. Aber eine mutige Entscheidung zu treffen und dazu zu stehen, ist immer

2. Die wichtigsten Tugenden für Erfolg

besser, als sie ständig aufzuschieben. Zaudern, Dauer-grübeln, Aussitzen führen zu keinem guten Ergebnis.
Erfolgs-Tipps:

- Treffen Sie Entscheidungen! Entscheiden Sie sich ohne Wenn und Aber.
- Ziehen Sie dann durch, was nötig ist – und zwar ohne ständig in den „Rückspiegel" zu schauen.

Flexibilität

Fest steht, dass persönliche Flexibilität künftig noch wichtiger wird. Wir müssen auf Veränderungen reagie-ren – ob wir wollen oder nicht. Das gilt für alle Berei-che: den Arbeitsplatz, den Wohnort und die Einstellung zum Leben. In allen Systemen der Zukunft wird immer das flexibelste das erfolgreichste sein.
Erfolgs-Tipps:

- Akzeptieren Sie das Prinzip: Alles im Leben ist in Bewegung.
- Lassen Sie, wenn nötig, alte Vorstellungen los.

Geduld

Ungeduld ist eine beliebte Schwäche des Menschen. Jetzt etwas tun und sofort das Ergebnis sehen. „Warten können ist das große Geheimnis des Erfolgs", wusste der französische Staatsphilosoph Joseph M. de Maistre. „Geduld und Zeit erreichen mehr als Stärke und Lei-denschaft", erkannte Jean de la Fontaine.
Erfolgs-Tipps:

- Erkennen Sie: Erfolg braucht Zeit. Kalkulieren Sie das in Ihre Aktivitäten ein.
- Setzen Sie sich Teilziele. Belohnen Sie sich zwischen-durch für kleine Erfolge.

Gelassenheit

Gelassenheit ist eine Lebenshaltung. Müssen Sie sich wirklich jedes Mal über Ignoranten im Amt, Ampelschleicher oder Schleimer ärgern? Nein! Wir können im Leben viel, aber längst nicht alles beeinflussen. Gelassenheit ist die Kunst, unterscheiden zu können, was in unserer Macht steht und was nicht.

Gelassenheit ist das gute Gefühl, dass genau das passieren wird, was passieren muss. Und das zur richtigen Zeit. Gibt es eine bessere Lebenseinstellung als die jenes Meisters der Gelassenheit, der sagte: „Wenn es das Richtige für mich ist, wird es geschehen; wenn nicht, war es nicht das Richtige."

Erfolgs-Tipps:

- Ärgern Sie sich nicht über Kleinigkeiten.
- Alles, was Sie nicht umbringt, sind Kleinigkeiten.

Humor

Wer lacht, gewinnt. Humor ist ein zuverlässiger Erfolgsfaktor. Klar, Sie sollten Ihren Job und die Menschen in Ihrer Umgebung ernst nehmen, aber wer dabei auf der Spaßwelle surft, kommt überall gut an. Sind nicht besonders die lustigen Vögel, also Leute, die Tiefsinn und Flachsinn paaren können, im Bekanntenkreis allseits beliebt? Und was macht einen Partner besonders attraktiv? Genau, Humor steht auf der Wunschliste ganz oben, Humor ist sogar noch anziehender als Idealmaße oder ein dickes Konto.

Wer Humor hat, kann damit Kränkungen entschärfen, Belastungen abfedern, Ärger in Schach halten. Joachim Ringelnatz sagte einst: „Humor ist der Knopf, der verhindert, dass uns der Kragen platzt".

2. Die wichtigsten Tugenden für Erfolg

Erfolgs-Tipps:
- Suchen und verstärken Sie den Spaßfaktor im Alltag. Kultivieren Sie Komisches.
- Meiden Sie (wenn möglich) die Gesellschaft von Miesepetern und Abtörnern, umgeben Sie sich lieber mit Launemachern.

Integrität
Wer integer ist, bleibt seinen Werten treu. Integrität zeugt immer von großer Charakterstärke. Integrität, also langfristige Verlässlichkeit, zahlt sich (meistens) aus – jedenfalls auf lange Sicht. Aristoteles hat gelehrt, dass Integrität eine tragende Basis für das Leben sein kann: „Nur ein Leben, das auf Tugendhaftigkeit, auf Ehrlichkeit, Integrität, Mut, Großzügigkeit, Durchhaltevermögen aufbaut, kann zu einem guten, glücklichen und erfolgreichen Leben führen."
Erfolgs-Tipps:
- Behandeln Sie andere so, wie Sie selbst auch behandelt werden möchten, seien Sie großzügig und fair.
- Vertrauen Sie darauf, dass Sie mit der nötigen Portion Durchhaltevermögen Ihre Ziele erreichen werden, auch wenn es manchmal etwas länger dauert.

Intuition
Intuition ist ein mächtiges Werkzeug. Intuition kann uns wie ein Autopilot durch den Dschungel des Lebens lenken. Intuition, das ist der wissenschaftliche Begriff für etwas, das wir den „richtigen Riecher" nennen, ein „Händchen", das Gespür, in schwer überschaubaren, kritischen Situationen das Richtige zu tun, ohne zu wissen, warum. Intuition hilft, wichtige Entscheidungen

zu treffen, auch dann, wenn uns entscheidende Fakten fehlen. Die Entscheidung wird nicht im Kopf, sondern „aus dem Bauch heraus" getroffen.

Jeder hat sie, diese natürliche, angeborene Gabe, die signalisiert, was gut für uns ist – und was nicht. Logik allein reicht nicht immer. Oft sind Instinkt, Vorahnung ein besserer Ratgeber.

Erfolgs-Tipps:

- Seien Sie offen. Es kann nur eintreten, was Sie erwarten. Vertrauen Sie einfach Ihrer inneren Stimme.
- Um Ihre Intuition zu nutzen, gehen Sie noch einmal kurz alle Informationen durch. Konzentrieren Sie sich, und stellen Sie sich eine präzise Frage, um die Intuition zu fokussieren.

Kreativität

Im Prinzip ist jeder kreativ. Aber nicht jeder kann sein schöpferisches Potenzial entzünden. Oft schwirren sie herum, die guten Ideen, aber sie bleiben blockiert, verschüttet. Weil wir zu sehr in Schablonen denken, in Standards, in eingefahrenen Bahnen. Von den rund 100 Milliarden Gehirnzellen nutzen wir nur einen Bruchteil, beklagen Kreativitätsforscher. Kreativität ist die Fähigkeit, eigene Grenzen und Gewohnheiten zu überwinden und den inneren Reichtum anzuzapfen.

Erfolgs-Tipps:

- Haben Sie Mut zur Phantasie. Lassen Sie Überraschungen zu: Alles ist möglich. Denken Sie quer. Halten Sie Gedanken fest (Mind Mapping).
- Stellen Sie routiniertes Vorgehen, altbekannte Abläufe in Frage. Machen Sie das Gegenteil von dem, was Sie sonst tun.

2. Die wichtigsten Tugenden für Erfolg

Konzentration

Wenn wir von allem ein bisschen machen, verpuffen die Kräfte. Je stärker gebündelt eine Kraft auf einen Widerstand trifft, desto leichter durchbricht sie ihn. Das ist ein physikalisches Gesetz. Man kann es aber genauso als Lebensprinzip sehen.

Erfolgs-Tipps:

- Finden Sie heraus, was für Sie wirklich wichtig und entscheidend ist.
- Erwerben Sie Spezialkenntnisse, und setzen Sie Ihre Energie ein, um auf einem Gebiet führend zu sein.

Lernfähigkeit

Keiner hat gern Probleme. Aber Probleme sind nun mal ein unangenehmer, unvermeidlicher Teil des Lebens und eine Quelle der Unzufriedenheit. Probleme sind Hindernisse auf dem Weg zum Ziel. Also: Take it easy, but take it! Die gute Seite: Wir wachsen an Widerständen. Sehen Sie Probleme positiv!

Erfolgs-Tipps:

- Fragen Sie sich: Was will mir das Leben durch dieses Problem sagen? Was ist positiv daran?
- Was kann ich tun, um mein Problem zu lösen? Was muss ich tun, um mein Problem zu lösen? Wen könnte ich um Hilfe bitten?

Lebensfreude

Wenn Sie das Leben als ein wunderbares Abenteuer und Spiel sehen, werden Sie mehr Freude am Leben haben. Probleme sind dann gewissermaßen die Würze im Spiel, machen es nur noch reizvoller und geben Ihnen die Chance, Ihr wahres Potenzial zu entfalten.

Erfolgs-Tipps:
- Lernen Sie aus allem, was Sie tun, Freude zu schöpfen. Wenn das unmöglich ist, dann tun Sie so als ob ...
- Entschließen Sie sich, glücklich zu sein. 90 Prozent unserer Befürchtungen treten niemals ein.

Mut
Wer wagt, gewinnt. Lernen Sie, das Risiko zu schätzen. Denn soviel ist sicher: Nichts ist sicher. Zum Leben gehört der Mut zum Risiko. Altbundespräsident Walter Scheel sagte: „Nichts geschieht ohne Risiko, aber ohne Risiko geschieht auch nichts."

Mut beruht auf Selbstbewusstsein. „Wer Erfolg haben will, muss risikobereit sein. Man kann natürlich auch sein ganzes Leben lang seinen verpassten Chancen hinterherjammern: Hätte ich doch nur das und das gemacht – aber das ist nur Zeitvergeudung", erkannte Malcolm Forbes, Wirtschaftsmagnat und Abenteurer. Risiko ist ein Teil des Lebens. Wir leben glücklicher, wenn wir das Restrisiko Unsicherheit als positive Spannung und Herausforderung akzeptieren.
Erfolgs-Tipps:
- Analysieren Sie Ihre Angst. Was ängstigt Sie? Was verbirgt sich dahinter? Was kann schlimmstenfalls passieren?
- Stellen Sie sich in Zukunft nur noch die Frage, wie Sie etwas schaffen, nicht ob Sie etwas schaffen.

Selbstdisziplin
Selbstdisziplin ist die Fähigkeit, den eigenen Willen, die Gedanken und das Verhalten zu kontrollieren. Sie ist

2. Die wichtigsten Tugenden für Erfolg

der Schlüssel zur Macht über sich selbst. Steffi Graf sagte mal: „Viele Mädchen haben das Zeug zu einer großen Tenniskarriere, aber nur wenige haben die Selbstdisziplin, die dazu nötig ist."

Erfolgs-Tipps:

- Setzen Sie Prioritäten. Unterscheiden Sie zwischen wichtigen, dringlichen und unwichtigen Dingen. Erledigen Sie Wichtiges zuerst.
- Verlieren Sie sich nicht in Details. Behalten Sie immer das große Ganze im Auge. Trainieren Sie Ihre Disziplin, z. B. so: Joggen Sie dreimal pro Woche, lesen Sie zwei Fachbücher pro Monat.

Verantwortungsbewusstsein

Nur wer Verantwortung übernimmt, auch für alle Konsequenzen – kann das Beste, Schönste, Wichtigste im Leben erreichen – nämlich sein eigenes Leben zu leben, statt gelebt zu werden.

Erfolgs-Tipps:

- Entscheiden Sie sich ohne Wenn und Aber. Sicher werden Sie Fehlentscheidungen treffen. Doch die werden Sie später als Stufen zum Erfolg erkennen.
- Fragen Sie sich immer: Wenn nicht jetzt, wann dann?

Willenskraft

Der Wille ist eine Art Machtzentrum in der menschlichen Seele, das unglaubliche Tatkraft und Triebstärke freisetzen kann. Voraussetzung dafür sind eine klare Vorstellung und der Glaube an die eigenen Fähigkeiten. Schiller legte seinem Wallenstein in den Mund: „Den Menschen macht sein Wille groß und klein." Das entschiedene Wollen, etwas umzusetzen, ist gemeint, wenn von einem „eisernen Willen" die Rede ist. Und sicher kennen sie auch den Spruch: „Wo ein Wille ist, ist auch ein Weg." Der Wunsch muss stark sein. Das Verlangen. Der Wille. Ich will das!

Erfolgs-Tipps:

- Stellen Sie sich das, was Sie unbedingt erreichen wollen, in allen Einzelheiten vor. Visualisieren Sie Ihr Ziel.
- Erstellen Sie einen klaren Aktionsplan, formulieren Sie Ihre Handlungsschritte schriftlich, und setzen Sie sich Termine.

Wissen

Wissen ist Macht. Je mehr Sie wissen, je mehr Sie dazulernen, umso mehr wachsen Ihr Selbstvertrauen und Ihr Marktwert. Aber: Fachwissen ist nur ein Teil der Miete. Es kommt vor allem auch auf die persönliche Überzeugungskraft an. Fachwissen ist eine wichtige Basis, aber noch kein Erfolgsgarant. Erfolgreiche Menschen sind offen für Veränderungen.

Erfolgs-Tipps:

- Gestalten Sie aktiv Ihr Umfeld. Lernen Sie die Leute kennen, die schon erreicht haben, was Sie erreichen wollen.
- Sorgen Sie für ständige Weiterbildung. Bücher, Audioprogramme und Seminare sollten dabei fester Bestandteil sein.

Zielklarheit

Ziele sind ohne genaue Zielvorstellung schwer zu erreichen. Ein Ziel ist wie ein Erfolgsmagnet, wie ein Kompass, der hilft, auch in schwierigen Situationen den richtigen Weg zu finden. Ohne präzise Zielvorstellung,

2. Die wichtigsten Tugenden für Erfolg

wird sinnlos Energie verpulvert. Mit einem klaren Ziel vor Augen lassen sich schwere Phasen besser überstehen. Denn Ziele wirken hier wie ein Wegweiser. Die Zielvision sorgt für neue Lebensenergie. Zudem zeigen uns Ziele, wann wir etwas erreicht haben. Und das ist die Basis für unser Selbstvertrauen.

Erfolgs-Tipps:

- Bestimmen Sie für jedes Ziel einen Zeitrahmen. Schreiben Sie auf, wie lange Sie zur Realisierung brauchen.
- Begründen Sie (auch schriftlich), warum Sie dieses Ziel unbedingt erreichen müssen. Ist Ihr Warum groß genug, dann finden Sie das Wie.

Zuversicht

Wie wollen Sie sich durchsetzen, Vertrauen erwecken, sich motivieren, wenn Sie negativ eingestellt sind und selbst nicht an den Erfolg glauben? Betrachten Sie schwierige Aufgaben nicht als Probleme, sondern als interessante, spannende, reizvolle Herausforderungen, die Sie mit Lust anpacken. Optimismus und Zuversicht sind wesentliche Charaktermerkmale. Erfolgreiche Menschen zaudern und verzagen nicht, sie sind überzeugt von sich und ihren Möglichkeiten. Menschen, die positiv denken, können sich und andere begeistern. Sie belasten sich nicht mit unnötigen Zweifeln, sie setzen ihre Energie konstruktiv ein. Das erhöht die Erfolgs-Chancen.

Erfolgs-Tipps:

- Kultivieren Sie Gelassenheit: Ich akzeptiere Dinge, die ich nicht ändern kann, aber ich habe immer eine Chance.

- Glauben Sie daran: Es werden immer wieder unerwartete Gelegenheiten kommen. Erkennen und nutzen Sie diese.

Es gibt eine Menge Eigenschaften und Fähigkeiten, die wichtig sind, um erfolgreich zu sein. Besonders wichtig sind übrigens Humor und Lebensfreude! Lachen macht nicht nur attraktiv, es wirkt befreiend und hilft Ihnen, das Leben auch in schwierigen Situationen leichter zu nehmen.
Auch ohne Zielklarheit und Durchhaltevermögen geht es nicht. Setzen Sie sich klare Ziele, und geben Sie nicht vorzeitig auf! Der Weg zum Erfolg ist oft lang und steinig. Halten Sie durch!

3. Die gefährlichsten Feinde des Erfolgs

Wie gefährdet Aufschieberitis den Erfolg?   Seite 35

Warum ist Perfektionismus manchmal schädlich?   Seite 40

Was kann man gegen die Angst vorm Versagen tun?   Seite 42

Wenn sich im Leben kein Erfolg einstellen will, ist es am einfachsten, anderen die Schuld zuzuschieben. Oder den ungünstigen Umständen. Oder mangelndem Glück. Viele sehen sich als Opfer, dabei sind sie eher Patienten – mit einer Krankheit namens „Ausfluchtitis". Ausflüchte sind wunderbare Hintertürchen, um sich aus der Verantwortung zu stehlen und nichts tun zu müssen. „Nein, im Moment geht es gerade nicht, weil ..." „wenn ..., dann ...", „ja, aber ...". Ausflüchte sind vor allem ganz gemeine und gefährliche Fallen, in denen sich viele selbst gefangen halten. Ausflüchte sind bequem. Und Bequemlichkeit ist einer der größten Erfolgs-Feinde. Auch wenn es noch so banal klingt, aber es stimmt: Von nichts kommt nichts.

3.1 Ausreden

Es gibt jede Menge Möglichkeiten, erfolglos zu bleiben. Die erfolgreichste Methode ist, einfach nichts zu tun. Oder: das Nötige immer und immer wieder hinauszuschieben. Aufschieberei ist ein Energiefresser, der unnötig belastet. Garantiert führt das nicht zum gewünschten Ergebnis, denn es passiert ja nicht, was getan werden müsste. „Was du heute kannst besorgen, das verschiebe nicht auf morgen." Was Volkes Stimme sagt, bestätigen amerikanische Psychologen. „Aufschieberitis" gefährdet auf lange Sicht sogar die Gesundheit. Forscher begleiteten eine Gruppe von Studenten durch die Semester. Einige outeten sich als ständige Aufschieber. Sie zeigten mehr Stresssymptome, und sie wurden öfter krank als jene, die ihre Aufgabe sofort erledigten.

3. Die gefährlichsten Feinde des Erfolgs

Das „Ja, aber-Syndrom"

„Ja, ich weiß, es ist wichtig, und ich werde es auch erledigen, aber nicht jetzt. Vielleicht später." Wir wissen alle, was das im Klartext heißt: Wahrscheinlich nie. Was Sie nicht gleich tun, werden Sie vermutlich nie tun. Hundert Entschuldigungen haben weniger Wert als eine Handlung.

Mit jedem Ja, aber ... wird Verantwortung abgewälzt. Wer Angst vor einem klaren NEIN hat, weicht auf das freundlichere Ja, aber ... aus. Das vermeidet Konfrontation. Aber gleichzeitig ist jedes Ja, aber auch ein Ich-kann-nichts-Tun-Eingeständnis. Mit dieser Einstellung kommen Sie nie wirklich ins Handeln.

Erfolgs-Tipps:

- Die Kombination für den Erfolgs-Tresor besteht aus drei Buchstaben: T-U-N.
- Streichen Sie Weichmacher wie „Ich sollte ..." oder „ich könnte doch ..." oder „ich müsste eigentlich ..." aus Ihrem Wortschatz. Entscheiden Sie sich – ohne Wenn und Aber.

Ausreden sind beliebt, bequem und sicherlich auch menschlich. Denn oftmals helfen sie, wenigstens halbwegs das Gesicht zu wahren.

- „Ich bin noch zu jung ..."
- „Ich bin schon zu alt ..."
- „Ich hab einfach immer Pech ..."
- „Ich habe keine Kontakte ..."
- „Ich kann eben nicht aus meiner Haut ..."
- „Meine Sterne stehen gerade nicht so günstig ..."
- „Wenn doch die allgemeine Wirtschaftslage einfacher wäre ..."

- „Wenn ich genug Geld hätte …"
- „Wenn ich mehr Zeit hätte …"

Mal ehrlich, haben Sie nicht auch schon mal solche oder ähnliche Entschuldigungen vorgeschoben?

Die Lösung heißt: Veränderung

Wer anderen oder den Umständen die Schuld zuweist, macht es sich leicht, zu leicht. So verschafft man sich nämlich ein Alibi und muss sich nicht ändern. Alles bleibt beim Alten.

Veränderungen sind aber die Voraussetzung für eine Trendwende zum Besseren. Von Georg Christoph Lichtenberg stammt eine kluge Einsicht: „Ob es besser wird, wenn es anders wird, weiß ich nicht, dass es aber anders werden muss, wenn es besser werden soll, weiß ich!"

Emotionale Bremsen

Wir haben leider fast alle – der eine mehr, der andere weniger – emotionale Bremsen, die unsere Möglichkeiten, also auch unseren Erfolg, ein- und beschränken. Am meisten bremsen Unentschlossenheit, Zweifel und Angst. Aber wir können sie lösen, diese Bremsen. Unter zwei Bedingungen:

- Wir müssen die Erfolgsbremsen vor allem erst mal erkennen.
- Wir müssen die Erfolgsbremsen vor uns selbst zugeben.

Übernehmen Sie die Verantwortung für das, was sie tun und was sie unterlassen. Das gilt also auch für Misserfolge.

3. Die gefährlichsten Feinde des Erfolgs

Falsche Bescheidenheit

Das ist eine Nummer zu groß für dich. Denk immer daran, wo du herkommst. Freu dich bloß nicht zu früh, das dicke Ende kommt bestimmt. Ein Spatz in der Hand ist besser als die Taube auf dem Dach. Unbewusst wachsen wir mit solchen Leitsätzen auf. Sie beeinflussen das Denken, untergraben das Selbstvertrauen, nähren Selbstzweifel und werden zu negativen Glaubenssätzen, die fürs Leben prägend sind:

- „Ich glaube, ich bin dafür nicht gut genug."
- „Ich bezweifle, dass ich das hinkriege. Ich kann das nicht!"

Ich kann nicht, das heißt im Klartext: Ich will nicht. Sie setzen sich selbst nur unnötige Grenzen. Sie unterschätzen Ihre Möglichkeiten dramatisch, wenn Sie sich weiterhin mit Ihrem Kleinspielfeld zufrieden geben:

- „Das schaffe ich nie!"
- „Das ist unmöglich."

Nichts ist unmöglich, wenn wir es uns vorstellen können! Viele Selbstzweifel entstehen, weil wir zu wenig auf den gesunden Menschenverstand vertrauen. Schließlich bestimmen wir unseren Selbstwert selbst. Und zwar dann, wenn wir uns akzeptieren, wie wir sind. Dann werden wir in der Regel auch von anderen akzeptiert.

Erfolgs-Tipps:

- Machen Sie sich klar: Selbstvertrauen wächst nicht, wenn uns alle Steine aus dem Weg geräumt werden.
- Selbstvertrauen wächst durch die Erfahrung, aus eigener Kraft Krisen zu bewältigen, aus Niederlagen zu lernen.

„Aufschieberitis" und Ausreden nehmen Ihnen jede Energie, an Ihren Zielen, und damit auch an Ihrem Erfolg, zu arbeiten. Lassen Sie sich nicht von Angst und Selbstzweifeln lähmen. Trauen Sie sich etwas zu! Haben Sie den Mut zu Veränderungen, und übernehmen Sie Verantwortung!

3.2 Gier und Arroganz

Wohin völlig unkontrolliertes Habenwollen führen kann, haben in letzter Zeit beispielhaft besonders gierige Börsianer erlebt, die den Hals einfach nicht vollkriegen konnten. Ehemalige Internet-Millionäre wohnen heute wieder bei Mama, oftmals hoch verschuldet. Im Alten Testament rangierte Gier sogar unter den sieben Todsünden. Gier war nie gut, und daran hat sich bis heute nichts geändert. Gier frisst Hirn.
Erfolgs-Tipps:
- Beachten Sie das Lebensgesetz vom Geben und Nehmen.
- Achten Sie auf ein gesundes Augenmaß.

Planet Hollywood erlebte einen verblüffenden Aufstieg. Ein Millionengeschäft. Ebenso rasch trudelte die Restaurantkette ins Minus. Warum, erklärte später der Gründer: „Wir sind im Erfolg zu arrogant geworden." Arroganz kann ebenso schädlich sein wie Ignoranz, Selbstzufriedenheit, Selbstüberschätzung. Wir leben im Informations-Zeitalter rasch wechselnder Moden und Informationen. Das Wissen der Welt verdoppelt sich in wenigen Jahren. Was gestern noch gültig war, ist mor-

3. Die gefährlichsten Feinde des Erfolgs

gen längst veraltet, überholt, out. Wer das ignoriert, wer arrogant und selbstzufrieden auf dem Status quo hocken bleibt, gefährdet seine Erfolgschancen.
Erfolgs-Tipps:
- Seien Sie aufgeschlossen und interessiert.
- Seien Sie immer fair.

*Hüten Sie sich vor Gier und Selbstüberschätzung.
Mit Fairness kommen Sie weiter.*

3.3 Mangelnde Kritikfähigkeit und Perfektionismus

Komisch, kaum einer möchte Kritisches über sich hören, Kritik an der eigenen Person ist schwer zu ertragen – auch wenn wir andere völlig selbstverständlich kritisieren. Dabei kann uns Kritik konstruktiv weiterbringen, vorausgesetzt, Sie reagieren nicht emotional. Nehmen Sie Kritik nicht persönlich, sondern sachlich. Hören Sie zu, wenn Schwachpunkte kritisiert werden. Statt auf Kritiker loszugehen, sollten Sie lieber versuchen, besser zu werden.

Konstruktive Kritik
Fragen Sie sich: Wer hat Sie kritisiert – und warum? Was ist der Inhalt der Kritik? Welches Ziel verfolgt der Kritiker? Steht er mit seiner Kritik alleine? Beachten Sie den zentralen Unterschied von Kritik:
- Das ist nicht o. k.
- Du bist nicht o. k.

Wichtig ist immer das Inhaltliche, nicht die Gefühle, die

Kritik in Ihnen auslöst. Wer konstruktive Kritik erkennt und zulässt, wer sie ernst, aber nicht persönlich nimmt, den kann Kritik nicht gleich aus der Bahn werfen, sondern sogar bereichern.

Erfolgs-Tipps:

- Hören Sie aufmerksam zu. Verteidigungshaltung und Defensive bringt nichts. Sie zeigt nur, dass Sie unsicher sind.
- Unterscheiden Sie immer zwischen Kritik an Ihrer Person und Ihrem Verhalten.

Übertriebener Perfektionismus

Perfektionisten können nur schwer Kompromisse schließen. Sie sind nie zufrieden und verschwenden zu viel Energie auf Nebensächlichkeiten. Sie verzetteln sich und werden nie fertig. Wenn dadurch Abgabetermine verpasst werden, hat das oft böse Folgen. Mr. und Mrs. Perfekt unterliegen dem zwanghaften Wunsch, für jede Aufgabe die perfekteste aller Lösungen zu finden. Die fatale Perfektionisten-Perspektive:

- Ich will alles oder nichts.
- Ich will es nur auf meine Art oder gar nicht.
- Ich mache es nur in großem Stil oder gar nicht.

Perfektionisten leiden. Sie scheitern an zu hohen Ansprüchen und stellen schnell ihre ganze Person in Frage. Selbst Erfolge erfreuen sie kaum.

Soziale Isolation

Perfektionisten lassen andere nicht an sich heran. Sie möchten cleverer und interessanter sein als andere – das isoliert. Null-Fehler-Menschen schreien innerlich nach

3. Die gefährlichsten Feinde des Erfolgs

Anerkennung. Sie glauben, sie könnten durch extremen Einsatz auch extremen Erfolg erzielen. Das gelingt selten, auch wenn sie wie ein Hamster im Laufrad strampeln. Resultat: Perfektionisten fallen in eine negative Spirale aus Selbstanklage, Unsicherheit und noch höheren Ansprüchen. Irgendwann droht Burn-out. Oft lähmt das große Ziel. Perfektionisten legen die Latte so hoch, dass sie sich nicht trauen, anzufangen.

Erfolgs-Tipps:

- Unterteilen Sie Vorhaben in kleine, gut zu bewältigende Schritte.
- Besser fehlerhaft begonnen, als perfekt gezögert.

Versagensängste

Die Angst, zu versagen, kann schlimmer sein, als das Versagen selbst. Scheitern ist doch nichts Schlimmes. Da werden Grenzen aufgezeigt. Jedes Scheitern kann eine wichtige Erfahrung sein, aus der wir lernen können. Wer heikle Situationen meidet, aus Angst vor dem Scheitern, kann keine Erfahrungen machen.

Angst und Furcht sind wichtige, gesunde und normale Gefühle. Angst warnt und schützt vor Gefahren, wird aber zum Problem, wenn sie das Leben lähmt, belastet und die nötige Aktivität blockiert.

Keine Angst!

Wer Angst hat, zieht sich in ein emotionales Gefängnis zurück. Ängstliche wagen sich nicht mehr aus ihrer Komfortzone heraus. Für den Erfolgs-Denker Napoleon Hill ist Angst oder konkrete Furcht der größte Feind des Erfolgs. „Furcht lähmt die Kraft des Verstandes, lähmt die Fähigkeit der Imagination, tötet das

Angst vorm Versagen

Selbstvertrauen, untergräbt die Begeisterungsfähigkeit, verhindert jede Initiative, führt zu Unsicherheit in der Planung, unterstützt Verschleppung, löscht allen Enthusiasmus aus und macht Selbstbeherrschung unmöglich. Sie entkleidet jede Persönlichkeit ihres Charmes, zerstört die Möglichkeit sorgfältigen Denkens ..."

Erfolgs-Tipps:
- Fragen Sie sich immer: Was kann mir denn schlimmstenfalls passieren? Wie geht mein Leben weiter?
- Spielen Sie in Gedanken die Situation mehrfach und erfolgreich durch.

Wie sich die Angst vorm Versagen erfolgreich überwinden lässt, haben wir selbst schon alle meisterhaft praktiziert. Die Strategie: Learning by doing. Wie war das denn in der Babyzeit, als wir laufen lernten? Klappte das gleich? Nein. Wenn wir auf den Po plumpsten, resignierten wir dann? Hatten wir Versagensangst? Haben wir innerlich aufgegeben? Natürlich nicht. Wir rappelten uns hoch, probierten es weiter, plumpsten wieder hin – bis es plötzlich ging.

Ausreden sind menschlich, aber nicht sehr hilfreich, wenn Sie Ihre persönlichen Ziele erreichen wollen. Konstruktive Kritik kann auf dem langen Weg zum Ziel oft nützlich sein, beispielsweise, um Kurskorrekturen vorzunehmen. Perfektionismus und Versagensängste dagegen führen schnell zu totaler Erschöpfung oder massiven Selbstzweifeln – und dies sind nicht gerade ideale Voraussetzungen, um erfolgreich zu sein.

4. Warum Erfolg Einstellungssache ist

Welche Rolle spielt das Unterbewusstsein? Seite 45

Wie kann man sich auf Erfolg programmieren? Seite 47

Wie findet man die richtigen Ziele? Seite 49

Sind Ihnen schon mal ganz ähnliche Gedanken gekommen, wenn Sie an einem Sommertag am See standen und den Segelbooten nachschauten: Komisch, obwohl der Wind aus einer Richtung weht, segeln sie dennoch in alle möglichen Richtungen, noch dazu mit ganz unterschiedlichem Tempo. Wie ist das möglich?
Der Wind (also die Bedingungen) ist für alle gleich. Aber der Wind ist nicht entscheidend. Alles hängt davon ab, wie die Segel gesetzt werden. Und das ist Sache des Seglers.

Opfer oder Macher?
So ähnlich funktioniert auch unser Leben – und der Erfolg im Leben. Wir haben es selbst in der Hand. Wir können zwar den Wind nicht beeinflussen, aber wir können entscheiden, wie wir die Segel setzen. Wir können an den Umständen oft nichts ändern, aber wir können unsere Einstellung ändern. Wir können uns als Opfer der Umstände sehen. Oder als Macher, der aus den Umständen das Beste macht, was möglich ist.

4.1 Das Unterbewusstsein

Es ist die geistige Haltung, also die Einstellung, die das Verhalten lenkt. Auf die innere Einstellung kommt es entscheidend an. Nicht die Aussicht auf Ruhm oder Geld, nicht fremdbestimmte Interessen bringen uns weiter, sondern der eigene Wille.
Wie elementar die richtige Einstellung etwa für Erfolg im Beruf, beispielsweise für die Jobvergabe, ist, wurde durch eine Studie der Harvard University bestätigt. Die

4. Warum Erfolg Einstellungssache ist

meisten Menschen denken, dass das Fachwissen ausschlaggebend sei oder das Auftreten. Selbstverständlich spielt es eine Rolle, wie smart und kompetent jemand ist, aber diese Qualitäten fließen nur zu 15 Prozent in die Bewertung ein. Bedeutend wichtiger ist die innere Einstellung zu seinen Aufgaben, zu den Kollegen. Und vor allem zu sich selbst:

- „Ich werde diesen Job gut machen!"
- „Ich werde Erfolg haben!"
- „Ich kann erreichen, was ich will!"

Die innere Überzeugung

Die innere Überzeugung entscheidet über Aktivität oder Lethargie, über Anstrengung oder Passivität. Das Vertrauen in die eigene Leistungsfähigkeit bestimmt darüber, ob wir überhaupt etwas tun, und wenn ja, wie sehr wir uns dabei anstrengen. Es nützt wenig, wenn Sie über bestimmte Fähigkeiten verfügen, es aber nicht schaffen, diese einzusetzen. Sie müssen von sich und Ihren Fähigkeiten überzeugt sein. Sie müssen sich selbst sagen: „Ich bin überzeugt, dass ich es schaffen werde, wenn ich mich jetzt anstrenge."

Erfolgsfaktor Unterbewusstsein

Sie wissen ja: Erfolg kommt von er-folgen. Sie wollen, dass Ihr Erfolg endlich er-folgt? Nutzen Sie auch Ihr Unterbewusstsein als eine Quelle des Erfolgs. Neben dem Bewusstsein ist das Unterbewusstsein der Teil unserer Psyche, der alle seelischen und geistigen Vorgänge steuert. Es ist außerdem für das Funktionieren aller Körperorgane zuständig, vom Herzschlag bis zur Verdauung. Das Unterbewusstsein speichert Sinneseindrücke, Empfindungen, Gedanken und Erfahrungen ab wie eine riesige Datenbank.

Unser Verhalten wird nur zu zehn Prozent bewusst gesteuert, über 90 Prozent unseres Handelns laufen unbewusst ab. Unser Unterbewusstsein ist somit der entscheidende Faktor des Erfolgspotenzials.

Der Garten
Das Unterbewusstsein bewertet nicht. Es hält alles fest, was eingegeben wird, und setzt alles daran, unsere Vorstellungen zu verwirklichen. Stellen Sie sich das Unterbewusstsein als einen großen Garten vor, in dem ein Gärtner namens Bewusstsein arbeitet. Alles, was der Gärtner pflanzt, wächst. Jeder Gedanke, den wir häufig wiederholen und mit emotionaler Intensität versehen, trägt Früchte. Positiv wie negativ.

Das Unterbewusstsein und die innere Überzeugung haben großen Einfluss darauf, ob wir ein Ziel erreichen oder nicht. Deshalb ist es wichtig, sich richtig zu programmieren.

4.2 Die richtige Programmierung

Es kommt also darauf an, das Unterbewusstsein richtig zu trainieren – und zu programmieren. Verbannen Sie künftig jene Gedanken, die Sie zurückhalten.

Der erste Schritt: Ersetzen Sie negative Gedankenstopper („Ich weiß nicht", „Ich kann nicht") durch positive

4. Warum Erfolg Einstellungssache ist

Gedanken, die helfen, Zielvorstellungen zu verwirklichen. Werden Sie zum Möglichkeitsdenker! Ihre Gedanken senden Schwingungen aus, und die ziehen all die Menschen und Dinge an, die Ihnen bei der Zielverwirklichung helfen können.

Der zweite Schritt: Finden Sie heraus, was Sie wirklich wollen und was wichtig für Sie ist. Finden Sie zunächst Ihre Wertvorstellungen heraus und integrieren Sie diese später in Ihre Ziele.

Werte als Kraftquellen

Werte sind die tiefen, persönlichen Überzeugungen in Ihrem Leben. Zum Beispiel: Gesundheit, Harmonie, Partnerschaft und Liebe, Anerkennung, Freundschaft, Unabhängigkeit, Spaß, Sicherheit, Familienleben, Ruhm, Reichtum, Bildung, finanzielle Freiheit, Genuss, Schönheit, Status, Selbstachtung, Kompetenz, Gerechtigkeit, Geselligkeit, Zärtlichkeit, Zuverlässigkeit. Solche Werte zeigen, was für Sie wichtig, richtig und bedeutend ist.

Der dritte Schritt: Finden Sie Ihre Ziele heraus. Machen Sie eine klare Bestandsaufnahme:
- Was ist mir im Leben wichtig?
- Welchen Traum will ich verwirklichen, und was kann ich dafür tun?
- Welchen Preis bin ich bereit, dafür zu zahlen?

Schaffen Sie Orientierung

Das Gehirn braucht Ziele. Klare Ziele. Wenn wir nicht wissen, was wir wollen, nicht wissen, was wir sollen, nicht wissen, was wir können – wenn wir orientierungslos sind, nützt uns unsere individuelle Freiheit wenig. Wir sind ratlos. Und bleiben vermutlich erfolglos. Wie gesagt, Ziele wirken wie Wegweiser und Erfolgsmagneten. Zielklarheit sorgt für Energie, gibt die Kraft, loszulaufen. Ziele zeigen uns in Turbulenzen eine Richtung. Ohne genaue Zielangabe ist ein Ziel kaum zu erreichen. Wenn Sie nicht wissen, wohin Sie wollen, müssen Sie sich nicht wundern, wenn Sie ganz woanders ankommen.

Ziele müssen ...
... motivieren und herausfordern
... positiv formuliert sein
... so konkret wie möglich sein
... glaubhaft und aus eigener Kraft realisierbar sein
... in einem überschaubaren zeitlichen Rahmen erreichbar sein
... mit Ihren persönlichen Werten in Einklang stehen

Setzen Sie sich realistische Ziele
Ein Ziel muss wirklich attraktiv sein. Und das Ziel muss auch erreichbar sein. Nur dann können und werden Sie langfristig die nötige Energie mobilisieren. Nur was echte Freude macht, erzeugt Dynamik. Misserfolge bremsen und zerstören.
Für das Erreichen eines Ziels ist es wichtig, ein großes Ziel in kleinere Ziele zu unterteilen, damit Sie aus jeder Teil-Etappe als Sieger herauskommen können.

Programmieren Sie sich auf Erfolg, indem Sie negative Gedankenstopper durch positive Einstellungen ersetzen,

4. Warum Erfolg Einstellungssache ist

und verschaffen Sie sich Klarheit über Ihre Ziele. Dabei sollten Ihre Ziele nicht nur attraktiv, sondern auch erreichbar sein. Dazu ist es hilfreich, sich Zwischenziele setzen. So sorgen Sie zugleich für viele kleine Erfolgs-erlebnisse, die das Durchhaltevermögen stärken.

4.3   Die wichtigsten Ziele finden

Wenn Sie ein erfülltes und ausgeglichenes Leben führen, also Lebenserfolg wollen, müssen Sie Ihre Aufmerksamkeit auf insgesamt fünf Bereiche lenken:

Persönliche Ziele
- Was können Sie konkret für Fitness und Gesundheit tun?
- Wie verbessern Sie Ihr seelisches Wohlbefinden?
- Welche Fähigkeit wollen Sie noch erlernen oder optimieren?

Berufliche und wirtschaftliche Ziele
- Was bedeutet für Sie finanzielle Freiheit?
- Wie stellen Sie sich Ihre Karriere vor?
- Wie wollen Sie arbeiten?

Zwischenmenschliche Ziele
- Wie stellen Sie sich Ihre Traumbeziehung vor?
- Was bedeutet Familie für Sie?
- Wer sollte zu Ihrem Freundeskreis gehören?

Freizeit- und luxusorientierte Ziele
- Welche Hobbys wollen Sie pflegen?

- Welches Auto möchten Sie unbedingt besitzen?
- Wohin möchten Sie gerne reisen?

Soziale und ökologische Ziele
- Wem sollten Sie Ihre Hilfe anbieten?
- Was können Sie Gutes für die Gesellschaft tun?
- Wie können Sie sich für die Umwelt einsetzen?

Formulieren Sie Ihre Ziele in der Gegenwartsform
Damit präsentieren Sie Ihrem Gehirn feststehende Tatsachen und nicht wünschenswerte Möglichkeiten. Ein entscheidender Unterschied. Beispiel:
„Ich wiege 75 Kilo" (nicht: „Ich werde 75 Kilo wiegen").
„Ich spreche selbstbewusst vor vielen Menschen" (nicht: „Ich will vor vielen Menschen selbstbewusst sprechen").

Lebenserfolg setzt sich aus Zielen in verschiedenen Lebensbereichen zusammen. Formulieren Sie diese Ziele immer in der Gegenwartsform, statt als Wunsch oder Möglichkeit!

4.4 Schritt für Schritt zum Ziel

Wenn Ziele nicht nur Wunschträume bleiben sollen, müssen Sie mit konkreten Schritten beginnen.

Legen Sie Ihre Ziele schriftlich fest
Der Volksmund sagt zu Recht: „Was man schreibt, das bleibt." Durchs Aufschreiben werden Gedanken fixiert. Für eine Studie (Universität Yale) wurden Studenten

befragt: „Haben Sie Ihre Ziele aufgeschrieben?" Nur drei Prozent konnten diese Frage mit „Ja" beantworten. Zwanzig Jahre später wurden alle erneut interviewt. Das Ergebnis war sensationell. Die drei Prozent mit schriftlich fixierten Zielen hatten mehr Vermögen angehäuft als die restlichen 97 Prozent zusammen.

Legen Sie den Zeitrahmen fest

Schreiben Sie vor oder hinter jedes Ihrer Ziele, wie lange Sie bis zur Realisierung brauchen.

Begründen Sie Ihr Ziel

Schreiben Sie auf, warum Sie dieses Ziel unbedingt erreichen müssen. Wenn Ihr Warum groß genug ist, dann wird sich jedes Wie automatisch ergeben.

Überprüfen Sie Ihre Ziele

Mit folgenden fünf Fragen läßt sich herausfinden, ob Ihre Ziele wirklich sinnvoll für Sie sind:

- Was gewinne ich, wenn ich das Ziel erreiche?
- Was gebe ich dadurch auf?
- Wie könnte meine Umwelt reagieren?
- Füge ich eventuell anderen Schaden zu?
- Woran merke ich, dass ich mein Ziel endlich erreicht habe?

Visualisieren Sie täglich Ihre wichtigsten Ziele

Stellen Sie sich so oft es geht Ihr Ziel klar und deutlich in Bildern vor. Erleben Sie vor Ihrem geistigen Auge, wie Sie Ihr Ziel erreichen, wie Sie die Aufgaben auf dem Weg zum Ziel, eine nach der anderen, hervorragend lösen.

Aktualisieren Sie Ihre Ziele
Wir leben in einer sich ständig verändernden Welt. Geschwindigkeit wird zum beherrschenden Faktor der Zukunft. Manchen Zielen kommen Sie näher, manche erreichen Sie, einige verlieren vielleicht an Bedeutung. Damit Ihre Ziele nichts an Zugkraft verlieren, sollten sie alle sechs Monate überprüft und eventuell aktualisiert werden.

Halten Sie Ihre Ziele schriftlich fest, und legen Sie genau fest, bis wann Sie was tun wollen – und warum. Planen Sie sorgfältig, und stellen Sie sich immer wieder vor, wie Sie Ihr Ziel erreichen. Es ist sinnvoll, seine Ziele etwa alle sechs Monate zu aktualisieren, denn es kann sein, dass im Laufe der Zeit ein Ziel an Bedeutung verliert und dafür neue dazukommen.

5. So packen Sie den Erfolg konkret an

Was ist der erste Schritt zum Erfolg?   *Seite 55*

Warum ist es wichtig, seine Ziele zu visualisieren?   *Seite 58*

Wie schafft man es, negative Verhaltensweisen durch positive zu ersetzen?   *Seite 59*

Die erfolgreiche Reise zu Ihren Zielen beginnt an dem Tag, an dem Sie die volle Verantwortung für Ihr Handeln übernehmen. Es liegt jetzt in Ihrer Hand. Sie müssen ins Handeln kommen. Wenn Sie noch ein paar Stufen auf Ihrer Erfolgsleiter emporklettern wollen, dann sollten Sie sich Folgendes klar machen: Wir sind nicht nur verantwortlich für das, was wir tun, sondern auch für das, was wir nicht tun. Kennen Sie dieses wunderbare Bild von Reinhard K. Sprenger: „Wer heute den Kopf in den Sand steckt, knirscht morgen mit den Zähnen."?

5.1   Ins Handeln kommen

Mit Passivität können Sie keine Herausforderung meistern, keines Ihrer Probleme lösen. Mehr noch: Mit jedem Tag, an dem Sie nicht ins Handeln kommen, werden die Probleme sogar größer. Bis Sie Ihnen vielleicht über den Kopf wachsen. Dann wird alles noch schwerer, und Sie verlieren den Mut vielleicht vollends. Ihr Gehirn, dieser unvorstellbar schnelle Computer, bietet Ihnen alle Voraussetzungen, um Veränderungen der Zukunft schnell vorwegzunehmen. Sie können in jeder Sekunde neu anfangen und Ihre Lebensumstände neu bestimmen, indem Sie eine Entscheidung treffen. Sie haben die Wahl. Die Kombination des Tresors, in dem Ihr Potenzial steckt, hat drei Buchstaben: T-U-N.

Aller Anfang ist mühsam
Vergleichen Sie die Situation mal mit einem Auto, das Sie im Leerlauf anschieben wollen. Bis die Kutsche erst

5. So packen Sie den Erfolg konkret an

mal ins Rollen kommt, müssen Sie sehr viel Energie aufwenden. Wenn es dann aber erst mal rollt, reicht verhältnismäßig wenig Kraft aus, um das Auto in Bewegung zu halten. Kommen Sie deshalb kraftvoll ins Handeln. Jetzt! Wenn nicht jetzt, wann dann? „Was du heute kannst besorgen, das verschiebe nicht auf morgen!" Besser kann es kein Wissenschaftler oder Erfolgstrainer ausdrücken.

Die magische 72-Stunden-Regel

Es gibt da eine Zahl, die sich in vielen Seminaren und in der Praxis geradezu als magisch erwiesen hat: Es ist die 72. Alles, was Sie innerhalb von 72 Stunden ins Handeln bringen, hat eine außerordentlich große Erfolgsaussicht. Wohlgemerkt: Sie müssen es zunächst nur ins Handeln bringen, nicht schon abschließen. Das ist oft gar nicht möglich. Es ist aber möglich, für jedes Vorhaben innerhalb von 72 Stunden einen Aktionsplan zu erstellen. Eine ganz wichtige Rolle im Aktionsplan spielen die drei Fragen:

- Wer macht
- was
- bis wann?

Die Antworten auf diese Fragen führen direkt ins Handeln. Das gilt übrigens immer auch für Telefonate und Besprechungen.

Um gleich Ihren „Aktionsmuskel" zu trainieren, notieren Sie bitte gleich, nachdem Sie dieses Kapitel gelesen haben, fünf Dinge, die Sie definitiv in den nächsten 72 Stunden ins Handeln bringen werden (siehe Power-Plan, Seite 75).

Energieräuber ausschalten
Nichts lähmt uns mehr als das Gefühl, etwas nicht zu können („Das schaffe ich nie"), nichts wert zu sein („Ich bin ein Versager"), minderwertig zu sein. Solche Gefühle machen uns kraftlos und passiv, sie sind furchtbare Energieräuber.

Ein erfolgreiches Gegenmittel: Machen Sie sich deutlich, und schreiben Sie auf, was Sie alles können.
- Welche Fähigkeiten schlummern in mir?
- Welche Qualitäten habe ich?
- Worauf kann ich wirklich stolz sein?
- Worin bin ich Experte, womit kenne mich richtig gut aus?

Scheuen Sie sich nicht, in die Liste Ihrer Erfolge auch alltägliche und scheinbar selbstverständliche Kleinigkeiten aufzunehmen.

Kommen Sie ins Handeln! Dabei helfen Ihnen die 72-Stunden-Regel und ein Aktionsplan. Außerdem sollten Sie Ihre Energieräuber entlarven und ausschalten.

5.2 Verhalten erfolgreich steuern

Halten Sie das Bild in Ihrer Vorstellung fest. Konzentrieren Sie sich darauf. Sie können Ihr Unterbewusstsein nur in Gang setzen, wenn Sie sich Ihr Bild (Ziel, Wunsch) bewusst vorstellen. Wie gesagt: Ziele sind die Wegweiser fürs Gehirn. Ziele erzeugen in Ihnen die Kraft, die richtigen Entscheidungen zu treffen, um

Ihrem Leben in kürzester Zeit eine neue Richtung zu geben. Laotse erkannte schon vor 2300 Jahren: „Wer sein Ziel kennt, findet den Weg."

Visualisieren
Visualisieren bedeutet das Umsetzen von Ideen und Zielen in sinnliche Bilder. Wir können auf diese Weise die Wirklichkeit vorweg nehmen. Da unser Unterbewusstsein nur in Bildern denkt und unser Gehirn nachweislich nicht zwischen einer tatsächlich gemachten Erfahrung und einer sich intensiv vorgestellten Situation unterscheiden kann, können wir das Visualisieren als entscheidenden Erfolgsfaktor nutzen. Lassen Sie vor Ihrem geistigen Auge bunte Bilder ablaufen, wie Sie Ihr Ziel erreichen. Nutzen Sie dabei all Ihre Sinne: Was hören Sie? Was sehen Sie? Was fühlen Sie? Entwickeln Sie Spaß bei dieser Technik.

Besonders günstige Momente zum Visualisieren:
* kurz vor dem Einschlafen,
* kurz nach dem Aufwachen,
* wenn Sie ganz entspannt sind.

Ihr Unterbewusstsein ist dann formbar wie Wachs. Grundsätzlich gilt: je häufiger, desto besser. Visualisieren sollte so alltäglich werden wie Zähneputzen.

Überzeugen Sie sich selbst
Wenn Sie nicht selbst von einer Sache überzeugt sind, werden Sie nicht die nötige Kraft finden, einen Anfang zu machen. Schauen Sie nur nach vorne, verschwenden Sie keine Zeit und Energie fürs Zurückschauen.

Die „So-tun-als-ob"-Methode
Wenn Sie eine Vorstellung davon haben, wie Sie gerne sein möchten oder was Sie erreichen wollen, handeln Sie so, als ob Sie diese Person bereits wären. Kritische Menschen sind jetzt sicher skeptisch. Doch es ist so: Durch die Kraft des „So-tun-als-ob" lässt sich enorm viel bewegen.

Machen Sie doch mal einen Versuch: Wenn Sie beim nächsten Mal im Büro oder zu Hause starken Stress oder Hektik verspüren, spielen Sie mal ganz bewusst die Ruhe in Person, tun Sie so als ob! Dieser Plan kommt Ihnen vielleicht etwas komisch vor. Doch Sie werden merken, dass sich die gespielte Ruhe nicht nur auf Sie, sondern auch auf Ihr Umfeld überträgt.

Warum ist das so? Wir haben schon erklärt, dass unser Unterbewusstsein eine einzigartige Kraftzentrale ist. Wenn wir dem Unterbewusstsein ein Ziel vorgeben, sucht es nach Wegen, dieses Ziel auch zu erreichen.

Nutzen Sie die Kraft des Unterbewusstseins, indem Sie sich immer wieder möglichst genau vor Augen führen (visualisieren), wie Sie Ihre Ziele erreichen.

5.3 Die zehn Schritte zur Verhaltensänderung

1. Wie ist der Ist-Zustand?
Machen Sie eine ehrliche Bestandsaufnahme Ihrer momentanen Situation:

5. So packen Sie den Erfolg konkret an

- Was hält mich eigentlich ab, mein Verhalten zu ändern?
- Ist es mangelndes Zielbewusstsein?
- Stehen meine wichtigsten Werte in Konkurrenz?
- Hapert es an meiner körperliche Fitness?

2. Wie sieht mein Zielzustand aus?

Legen Sie nun Ihren Soll-Zustand fest: Definieren Sie ganz klar Ihr neues, ideales Verhalten! Das Verfahren kennen Sie bereits von der Zielfindung. Stellen Sie sich auch folgende Fragen:

- Woran werde ich merken, dass ich mein Ziel erreicht habe?
- Was muss ich dafür tun?

3. Die Erfolgsvereinbarung

Treffen Sie mit sich eine unwiderrufliche Erfolgsvereinbarung. Entscheiden Sie sich ohne Wenn und Aber, alles zu tun, um Ihr Ziel (Ihre Verhaltensveränderung) zu erreichen. Sie müssen absolut bereit sein, den Preis fürs Erreichen Ihres Ziels zu bezahlen. Übernehmen Sie die uneingeschränkte Verantwortung!

4. Setzen Sie den Hebel an

Nutzen Sie die Hebelwirkung des Schmerz-Freude-Prinzips! Sie kann die Kraft zur Verhaltensveränderung um ein Vielfaches verstärken. Verbinden Sie mit Ihrem alten Tun gedanklich etwas für Sie sehr unangenehmes, falls sich nichts verändert, und mit der neuen Verhaltensweise Freude. Dafür stehen zwei Hilfsmittel zur Verfügung:

- interner Druck, den Sie selbst erzeugen,
- externer Druck, der durch die Umwelt erzeugt wird (z. B. durch eine Wette).

Beides erhöht zusätzlich die Schmerzgrenze und setzt sofortiges Handeln in Gang.

5. Unterbrechen Sie Ihre alten Programme

Klar, für Ihr neues Verhalten müssen Sie Ihr altes, automatisches Verhaltensmuster unterbrechen. Unterbrechungen funktionieren als wirksames Steuerungsinstrument für Gedanken. Nutzen Sie kraftvolle Sätze, aufmunternde Metaphern oder eine entsprechende Körperhaltung, um alte, hemmende Muster zu durchbrechen!

6. Schaffen Sie eine Alternative

Sie haben es geschafft, altes Verhalten zu unterbrechen oder verkümmern zu lassen? Warum aber führt das nicht prompt zu einem neuen Verhalten? Jedes Verhalten (auch schlechtes) hat einen bestimmten Sinn oder Nutzen. Wenn Sie ein altes durch ein neues Verhalten ersetzen wollen, klären Sie vorher bewusst ab, welchen Nutzen das alte hatte.

- Warum und wodurch hat es befriedigt?
- Wie ist das mit der neuen Alternative?

Wenn Sie sich zum Beispiel das Rauchen abgewöhnen wollen: Gehen Sie spazieren, joggen Sie, wenn Sie Entspannung suchen. Essen Sie Obst, wenn Sie orale Befriedigung wollen. Seien Sie kreativ!

7. Programmieren Sie sich neu

Sie müssen nun Ihr neues Verhalten programmieren. Das ist durch Wiederholung oder emotionale Intensität möglich.

5. So packen Sie den Erfolg konkret an

- Wiederholen Sie ständig Ihr neues Verhalten, bis es ein festes, neues Programm geworden ist.
- Visualisieren Sie Ihr neues Tun, denn das Gehirn kann ja nicht unterscheiden zwischen einer erlebten Handlung und einer sich intensiv vorgestellten Handlung.
- Bestärken Sie sich, sprechen Sie sich Mut zu.
- Belohnen Sie sich.

8. Holen Sie Unterstützung von außen

Wenn Sie ein neues Verhalten erfolgreich ins Handeln bringen wollen, ist Unterstützung durch Ihre Umwelt sehr wichtig. Halten Sie sich von Leuten fern, die es Ihren schwer machen, umgeben Sie sich nur noch mit Menschen, die ihnen Kraft und Mut geben. Übernehmen Sie Verantwortung. Kreieren Sie eine Umwelt, die Sie in Ihrem neuen Verhalten zu Ihren Zielen beflügelt.

Sie wollen aus Gründen der Vernunft joggen, finden Laufen aber ziemlich langweilig? Gestalten Sie Ihr neues Tun interessant:

- Laufen Sie mit Musik aus dem Walkman.
- Kaufen Sie flotte, funktionelle Ausrüstung. Motto: Es gibt kein schlechtes Wetter, nur schlechte Klamotten.
- Schließen Sie sich einer Gruppe (Lauftreff) an.

9. Holen Sie sich Feedback

Beobachten Sie, ob Ihr neues Verhalten schon etabliert ist. Wenn ja, machen Sie mit Punkt Nummer 10 weiter. Wenn nein, verändern Sie die bisherigen Handlungsschritte, bis Sie das gewünschte Ergebnis erzielen.

Denken Sie an Ihre Vereinbarung. Fragen Sie sich: Woran kann ich noch etwas verändern? Lassen Sie erst ab, wenn das neue Verhalten bereits die erhoffte Wirkung zeigt. Wenn nicht, gehen Sie zurück zu den Schritten 4, 5, 6, 7 oder 8, und geben Sie nicht auf, bis Sie wirklich zufrieden sind mit dem Feedback.

10. Belohnen Sie sich
Bestärken Sie sich in Ihrem neuen Verhalten, wann immer es geht, und zwar durch Belohnungen. Ermuntern Sie sich, durchzuhalten. Je mehr Sie in diese positive, selbstbestärkende Spirale kommen, desto geringer ist die Gefahr, dass Sie in Ihr altes Programm zurückfallen.

Um endlich ins Handeln zu kommen, sollte man sich nicht nur über seine Ziele genau im Klaren sein und Energieräuber erkannt und ausgeschaltet haben, sondern auch seine innere Einstellung und sein Verhalten überdenken.
Verhaltensänderungen erreicht man nicht von heute auf morgen. Eine Gegenüberstellung von Ist- und Soll-Zustand bietet eine solide Grundlage, um Schritt für Schritt alte, hemmende Verhaltensweisen durch neue, zielorientiertere zu ersetzen.

6. Die eigenen Erfolgschancen weiter verbessern

Wie wichtig ist körperliche Fitness?
Seite 65

Welche Rolle spielt die soziale Kompetenz?   Seite 71

Kann man überhaupt Spaß haben auf dem Weg zum Erfolg?
Seite 74

Fitness ist eine wichtige Basis für Leistung. Wer fit ist, wird weniger krank und ist insgesamt belastbarer. Fitness ist eine tragende Säule für Erfolg. Wie eng körperliche Fitness und geistige Leistungsfähigkeit gekoppelt sind, ist mittlerweile durch viele Forschungsergebnisse belegt. „Sportlich Aktive sind sowohl sozial aktiver und leistungsorientierter als auch beruflich erfolgreicher", bestätigt Professor Dr. Volker Rittner, Leiter des Instituts für Sportsoziologie an der Deutschen Sporthochschule Köln. Wer fit ist, bietet dem Alltagsstress weniger Angriffsfläche. Die sogenannte Stresstoleranz wächst.

Fitness ist mehr als Muskelstärke, Ausdauer, Kraft, Beweglichkeit und ein leistungsfähiges Herz Kreislauf-System. Der Faktor Fitness setzt sich zusammen aus:

- dem richtigen Maß an Bewegung,
- bewusster Ernährung und
- regelmäßiger Entspannung.

Außerdem spielen noch zwei weitere Faktoren eine Rolle:

- die soziale Kompetenz und
- der persönliche Spaßfaktor.

6.1 Gesundheit und Fitness

Die amerikanische Fitness-Queen Susan Powter hat ihr Erfolgsrezept auf einen kurzen, griffigen Nenner gebracht: „Iss richtig, und beweg deinen Hintern!" Fitness und Gesundheit kann man leider nicht bequem

6. Die eigenen Erfolgschancen weiter verbessern

kaufen, ebenso wenig wie die Entscheidung, aktiv zu werden. Für den Zustand des eigenen Körpers sind weder Ärzte noch die böse Umwelt zuständig, sondern nur Sie selbst. Es klingt banal, aber so ist es nun einmal: Wenn Sie Ihre körperliche Leistungsfähigkeit verbessern und erhalten wollen, sind Sie selbst gefordert. Bauen Sie soviel Bewegung in Ihren Alltag ein, wie es geht. Aktivieren Sie Ihren Stoffwechsel. Aber tun Sie es spielerisch:

- lieber regelmäßig als nur hin und wieder,
- lieber langsamer und länger als kurz und zu intensiv,
- lieber mit Spaß als mit verbissenem Einsatz.

Tatsächlich würde es schon ausreichen, wenn Sie täglich durch sportliche Betätigung wenigstens 150 Kalorien verbrennen. Wenn Sie über dieses Minimum hinausgehen, ist das garantiert ein Aktivposten für Ihre Gesundheit, Ihre Karriere, Ihren Erfolg.

Laufen ist die beste Art der Bewegung

Bestens, wenn Sie drei oder viermal pro Woche mindestens 30 Minuten Laufen. Aber auch Walking, Radfahren, Inline-Skating oder Schwimmen sind als Ausdauersport ideal. Die Kunst besteht darin, im richtigen Pulsbereich zu trainieren. Die Pulsgrenze zwischen dem aeroben (Sauerstoffüberschuss) und anaeroben (Sauerstoffschuld) Bereich hängt vom Alter, körperlicher Fitness und Tagesverfassung ab. Als Faustregel gilt: 220 minus Lebensalter, davon 65 bis 85 Prozent.

Erfolgs-Tipps:

- Bringen Sie reichlich Bewegung in Ihr Leben.
- Verzichten Sie auf Nikotin. Bedenken Sie: Nur drei

Züge verursachen eine maximale Gefäßverengung. Das Gehirn bekommt ein Drittel weniger Sauerstoff.

- Gehen Sie Treppen, statt den Lift zu nehmen, gehen Sie für Besorgungen zu Fuß oder nehmen Sie das Fahrrad.
- Nutzen Sie die Mittagspause zu einem Spaziergang
- Stehen und gehen Sie beim Telefonieren (fördert klares Denken).

Bewusste Ernährung

Wenn Sie von Ihrem Körper Leistung erwarten, müssen Sie ihm auch geben, was er braucht, so simpel ist die Versorgungs-Formel für körperliche Bestform. „Der Mensch ist, was er isst", manche können diesen alten Klassiker von einem gewissen Ludwig Feuerbach (1850) vielleicht nicht mehr hören. Aber besser lässt sich der enge Zusammenhang zwischen Ernährung, Körpergefühl und Leistung nicht auf den Punkt bringen. Vernünftige Ernährung, also die richtige Nahrung, in den richtigen Mengen und in der richtigen Zusammensetzung zum richtigen Zeitpunkt – auf diesen Erfolgsfaktor haben Sie großen Einfluss.

Essen Sie nur, was Sie mögen

Klingt banal, ist aber sehr wichtig: Essen soll Spaß machen. Wer auf Vorrat isst, obwohl er keinen richtigen Appetit mehr hat, verzehrt automatisch mehr. Außerdem ist ein gut trainierter Essinstinkt ein verlässlicher Wegweiser zu gesunder Ernährung. Denn unser Appetit konzentriert sich meist auf Nahrungsmittel, die wir gerade am dringendsten brauchen. Voraussetzung dafür ist aber, dass die ursprünglichen Appetit- und Sät-

6. Die eigenen Erfolgschancen weiter verbessern

tigungssignale nicht durch entgleiste Essgewohnheiten überlagert werden. Hören Sie auf Ihren Magen, ignorieren Sie Ihr Hungergefühl nicht, sonst rächt sich Ihr Organismus mit Heißhunger. Essen Sie rechtzeitig eine Kleinigkeit: ein Stück Obst, Gemüse oder Knäckebrot.

Gehen Sie mit der Natur
Wer sich an das hält, was die jeweilige Jahreszeit und Landschaft zu bieten haben, fährt auf jeden Fall gesund. Frisches, naturbelassenes Obst und Gemüse der Saison ist in der Regel richtig reif, hat genügend Sonne getankt, um den vollen Gehalt an Vitaminen und Mineralstoffen zu entwickeln. Außerdem sorgen die Jahreszeiten für Abwechslung und Genuss.
Erfolgs-Tipps:
- Ernähren Sie sich ausgewogen und vollwertig. Essen Sie Obst, Gemüse und Salat in rohen Mengen. Meiden Sie Fett.
- Konzentrieren Sie sich aufs Essen. Lassen Sie sich Zeit.
- Trinken Sie pro Tag zwei bis drei Liter Flüssigkeit. Alkohol, Kaffee, Milch und Cola zählen nicht dazu!
- Frühstücken Sie, am allerbesten Müsli mit Obst.
- Die Mengen von Kartoffeln, Reis, Nudeln, Gemüse verdoppeln und die Fleischrationen halbieren, diese Verteilung gewährleistet eine optimale Nährstoffversorgung.

Zeit für Entspannung
Keiner kann ständig nur auf Hochtouren laufen, auf der Überholspur leben, voll durchpowern. Auch Sie werden sich auf Dauer nur wohlfühlen und erfolgreich

sein, wenn Sie auch bei äußerem Druck lässig, leistungsfähig und liebenswürdig bleiben. Wenn Sie zum Beispiel in brenzligen Situationen einen kühlen Kopf bewahren, wenn Ihnen Konzentration und Kreativität nicht flöten gehen, wenn Sie innerlich ausgeglichen sind. Wie fast immer im Leben kommt es auf ein gesundes Gleichgewicht an: auf ein ausgewogenes Verhältnis zwischen Arbeit und Muße, zwischen Anspannung und Entspannung.

Auszeiten sind wichtig

Nehmen Sie sich zwischendurch immer wieder mal eine Auszeit. Entspannung bedeutet, sich für eine Weile auszuklinken aus der Welt und ihren Problemen, sich zum Beispiel nicht mehr aufzuregen. Entspannung heißt, die Seele baumeln lassen. Eine Erholungspause zuzulassen, um Kräfte zu sammeln. Auszeiten müssen sein, sonst verlieren Sie Spannkraft, Gesundheit und brennen irgendwann aus (Burn-out-Syndrom). Beim Entspannen kommt es ganz entscheidend auf Ihre innere Einstellung an: Gewinnen Sie eine positive Einstellung zu sich. Akzeptieren Sie die eigenen Bedürfnisse. Lachen Sie auch mal über sich selbst. Lassen Sie sich Zeit. Nehmen Sie sich Zeit für Dinge, die Sie gerne tun. Nehmen Sie sich Zeit fürs Nichtstun. Messen Sie sich nicht ständig mit anderen. Schaffen Sie sich Ruhe- und Rückzugszonen. Genießen Sie auch mal eigene Erfolge, ehe Sie sich wieder neuen Herausforderungen stellen.

Stabilität durch Gelassenheit

Kennen Sie diesen wunderbaren Sinnspruch, den ein Dichter namens Oettinger formulierte? „Herr, gib mir

6. Die eigenen Erfolgschancen weiter verbessern

die Gelassenheit, die Dinge hinzunehmen, die ich nicht ändern kann. Verleihe mir den Mut, die Dinge zu ändern, die ich ändern kann, und schenke mir die Weisheit, das eine vom anderen zu unterscheiden."

Überprüfen Sie Ihren Lebens- und Arbeitsstil: Gönnen Sie sich ausreichend Muße und Regeneration? Wenn Sie feststellen, dass Sie zu oft und zu lange unter Strom stehen oder häufig schlechter Stimmung sind, weil Sie sich schlapp und ausgelaugt fühlen, sollten Sie unbedingt mehr Entspannung in Ihren Alltag einbauen.

Neue Spannkraft durch Müßiggang
Reservieren Sie sich regelmäßig eine, besser zwei Stunden am Tag ganz für sich allein. Tun Sie in dieser Zeit nur das, was Ihnen wirklich Spaß macht, vermeiden Sie alles, was Leistungsdruck, Hektik oder Stress verursacht. Verbringen Sie diese Zeit in angenehmer Umgebung, vorzugsweise mit körperlicher Entspannung (Spazierengehen) und Muße (Lesen, Hobbies, Gespräche). Auch Bewegung (Sport, schnelles Gehen, kurze, schnelle Spaziergänge oder Radfahren) wirken entspannend.
Erfolgs-Tipps:
- Schlafen Sie ausreichend (sieben bis acht Stunden).
- Akzeptieren Sie unbedingt die eigenen Bedürfnisse.
- Gewinnen Sie eine postive Einstellung zu sich.
- Lachen Sie auch mal über sich selbst.
- Nehmen Sie sich Zeit für Dinge, die Sie gerne tun.
- Lernen Sie, auch mal Nein zu sagen.
- Genießen Sie Erfolge, ehe Sie wieder neue Herausforderungen anpacken.

Wer geistig fit sein will, der sollte bei seinem Körper anfangen. Dabei muss man gar nicht bis zur totalen Erschöpfung Sport treiben, ein flotter Spaziergang oder eine kleine Radtour hilft auch schon, Stress abzubauen und neue Kräfte zu sammeln. Stellen Sie bei dieser Gelegenheit doch auch gleich Ihre Ernährung ein wenig um, und nehmen Sie sich in Zukunft mehr Zeit für Entspannung.

6.2 Soziale Kompetenz

Erfolg ist auch die Kunst, richtig mit Menschen umzugehen. Es gibt immer Menschen, die Ihnen helfen, Sie unterstützen könnten, um Ihr Ziel schneller, direkter und leichter zu erreichen. Jeder Mensch lässt sich von anderen beeinflussen, und ebenso wird jeder von uns andere Menschen beeinflussen. Nur wenn wir fühlen und erkennen, was andere wirklich wollen und was sie bewegt, haben wir die Chance, emotionale Brücken zu bauen, um ihnen näher zu kommen.

Je höher wir auf der Erfolgsleiter steigen, umso mehr sind wir auf einen „guten Draht", also Kollegialität und den Austausch mit anderen, angewiesen. Und manchmal vielleicht auch auf einen altbekannten Wirkstoff, den nur jene beklagen, die ihn nicht haben: „Vitamin B". Beziehungen sind das halbe Leben, heißt es nicht umsonst im Volksmund. Beziehungen können sogar, so paradox es auch klingen mag, eine Rutschbahn nach oben sein. Erfolg ist auch die Kunst, Beziehungen zu anderen Menschen aufzubauen und zu pflegen. Und ihr Vertrauen zu gewinnen.

6. Die eigenen Erfolgschancen weiter verbessern

Der erste Eindruck

Wie entscheidend der erste Augenblick für Beziehungen sein kann, haben die Amerikaner wunderbar auf den Punkt gebracht: „You never get a second chance to make a first impression." Es gibt keine zweite Chance für den ersten Auftritt. Das Erst-Urteil basiert auf dem Erst-Eindruck. Natürlich entstehen dabei Fehlurteile. Aber eine zweite Chance, den ersten Eindruck zu korrigieren, gibt es dennoch selten. Deshalb ist der erste Eindruck so unerhört wichtig.

Was bedeutet gute Kommunikation?

Wer durch sein Handeln gute Resultate erzielen will, muss gut kommunizieren können. Kommunikation ist mehr als verbaler Informationsaustausch. Das Wort Kommunikation kommt nämlich aus dem Lateinischen von communis und bedeutet gemeinsam, gemeinschaftlich. Es wäre ein Fehler zu glauben, bei Kommunikation komme es vor allem auf die geschickte Wahl der Worte an. Das allein reicht noch nicht. Untersuchungen haben gezeigt, was wirklich beim Kommunizieren ausschlaggebend ist:

- die Worte, also der Inhalt: 7 Prozent
- die Stimme: 38 Prozent
- die Physiognomie und Körpersprache: 55 Prozent

„Der Ton macht die Musik", „Eine Hand wäscht die andere" oder „Wie man in den Wald hineinruft, so schallt es heraus". Es wäre schade, wenn Sie solche Sprichwörter schnöde missachten, denn in ihnen steckt einiges an Wahrheit und Weisheit zum Thema Kommunikation.

Das Gewinner-Gewinner-Prinzip

Um erfolgreich zu handeln, sollten Sie Ihr eigenes Ziel nicht auf Biegen und Brechen durchsetzen wollen, sondern immer in Übereinstimmung mit dem anderen. Dazu ist häufig ein Kompromiss nötig, und Kompromisse müssen so ausgehandelt werden, dass möglichst keiner dabei verliert. Suchen Sie deshalb am besten gemeinsam nach Problemlösungen! Dazu sind Kompromissbereitschaft und Verständnis von entscheidender Bedeutung.

Persönliche Eigenschaften, die Vertrauen schaffen:
- Charakterstärke (Übereinstimmung von Worten und Taten)
- Ehrlichkeit und Aufrichtigkeit
- Zuverlässigkeit
- Geradlinigkeit (Integrität)
- Respekt vor anderen Menschen
- Fairness gegenüber anderen Menschen

Jeder Mensch hat den Wunsch, verstanden zu werden, und möchte bei anderen Verständnis finden. Wir sollten immer berücksichtigen: Der Wunsch nach Anerkennung ist einer der stärksten Antriebskräfte jedes Menschen.

Erfolgs-Tipps:
- Seien Sie offen im Umgang mit anderen Menschen, und zeigen Sie Verständnis.
- Nehmen Sie sich Zeit für andere Menschen, beispielsweise Nachbarn oder Kollegen.
- Zeigen Sie Interesse an anderen Menschen, fühlen Sie sich in die Lage des anderen ein.

6. Die eigenen Erfolgschancen weiter verbessern

Soziale Kompetenz ist mehr als die Fähigkeit zu guter verbaler und nonverbaler Kommunikation. Auch Offenheit, Zuverlässigkeit und Fairness sorgen dafür, dass jemand zu anderen einen „guten Draht" hat, kompromissfähig ist und allgemein „gut ankommt".

6.3 Der Spaßfaktor

Versuchen Sie, das Leben möglichst als Spiel zu betrachten. Und wann sind wir gut in einem Spiel? Wenn wir Spaß haben! Leben Sie im Hier und Jetzt.
Erfolgs-Tipps:
- Gönnen Sie sich, worauf Sie Lust haben, inklusive Süsses und Wein – und behalten Sie die Kontrolle.
- Genießen Sie die kleinen Freuden des Lebens: spielen, schmusen, herumalbern, faulenzen.
- Suchen Sie mehr Körperkontakt: liebevolle Berührungen, Massagen, auch erotische.
- Geben Sie sich Tagträumereien hin: z. B. indem Sie bewusst die Natur betrachten.
- Toben Sie mit Kindern herum.
- Pflegen Sie Ihre Hobbys! Tun Sie etwas, nur weil es Spaß macht – das ist das Geheimnis echter Erholung.

Verbessern Sie Ihre Erfolgschancen, indem Sie körperlich fit werden und Ihre soziale Kompetenz erweitern. Und nutzen Sie den Spaßfaktor. Genießen Sie das Leben, und verwöhnen Sie sich! So ziehen Sie den Erfolg geradezu an, probieren Sie es selbst!

Der Power-Plan

Was ich in den nächsten 72 Stunden ins Handeln bringe:

1.

2.

3.

4.

5.

6

7.

8.

9.

10.

Anhang

Die zehn Erfolgs-Regeln

Erfolgreiche Menschen...

... haben eine klare Vision von dem, was sie erreichen wollen.

... tun das, was sie sehr gerne tun.

... sind immer offen für neue Eindrücke und ergänzen lebenslang ihr Wissen.

... leben gesund und kümmern sich aktiv um ihre Fitness.

... können sich gut konzentrieren.

... strengen sich mehr an, sie geben immer ihr Bestes.

... erkennen die eigenen Qualitäten und arbeiten daran, zumindest in einer Sache einzigartig zu sein.

... behandeln andere Menschen, wie sie selbst gerne behandelt werden möchten; sie spenden Anerkennung und Lob; sie sind gute Zuhörer.

... sind außerordentlich aktiv, auch gesellschaftlich, von ihnen kommt die Initiative zum Handeln.

... richten ihre Energie und Aufmerksamkeit auf das, was zählt: das Heute. Sie verlieren sich nicht in Details, sie behalten immer das Wesentliche im Auge.

Erfolgstipps

Veranstaltungen und Seminare

Erfolg ist kein Zufall: Alle von Jörg Löhr entwickelten Seminare zu den Themen Motivation, Erfolg, Persönlichkeit, Rhetorik und Lebensenergie haben ein übergeordnetes Ziel: Ihre Erwartungen in punkto Umsetzbarkeit, Effektivität, Authentizität, Begeisterung und dauerhaften Erfolg zu übertreffen.

Sie können Jörg Löhr in offenen Seminaren erleben oder ihn für firmeninterne Seminare und Vorträge buchen:

JÖRG LÖHR ERFOLGSTRAINING
Fon: 0821/ 34654-66
Fax: 0821/ 34654-99
www.joerg-loehr-erfolgstraining.de

Erfolgsfaktor Fitness – darauf hat sich Ulrich Pramann spezialisiert. Seit 25 Jahren beschäftigt sich der Bestsellerautor mit den Themen Gesundheit, Fitness und Karriere. Er war Redakteur (*stern*), TV-Moderator (*Deutsches Sport Fernsehen*), Chefredakteur und Herausgeber des erfolgreichen Magazins *Fit for Fun*.

Sie können Ulrich Pramann für Vorträge buchen:

ULRICH PRAMANN
Fon: 08153/8608
Fax: 08153/8611

Anhang

Die Autoren

Jörg Löhr, ehemaliger Handball-Nationalspieler, gilt heute als „einer der erfolgreichsten Erfolgs- und Motivationstrainer der Welt" (*DIE ZEIT*). Mit seinen Gewinnstrategien ist er selbst zum Superstar in der Seminarszene geworden, so beschreibt ihn der WDR. Er betreut Nationalmannschaften und renommierte Firmen wie IBM, BMW, Deutsche Telekom, Lufthansa, Glaxo Welcome, Karstadt, L´Oréal, Mannesmann und große Banken. Jörg Löhr wurde 1998 und 2000 zum Motivationstrainer des Jahres gewählt.

Ulrich Pramann beschäftigt sich seit 25 Jahren mit den Themen Sport, Gesundheit, Fitness und Karriere. Er war Redakteur (*stern*), Reporter, TV-Moderator, Chefredakteur und Herausgeber (*Fit for Fun*) und ist Autor von über 20 Büchern, darunter die Bestseller (*Perfektes Lauftraining, Einfach wohl fühlen, So haben Sie Erfolg*).

Weiterführende Literatur

- Birkenbihl, Vera F.: Erfolgstraining. Landsberg: mvg Verlag 1997

- Flockenhaus, Ute (Hrsg.): Zukunftsmanagement. Trainings-Perspektiven für das 21. Jahrhundert. Offenbach: Gabal Verlag, 3. Aufl. 2000

- Hill, Napoleon: Denke nach und werde reich. München: Ariston Verlag, 27. Aufl. 1995

- Löhr, Jörg / Pramann, Ulrich: Einfach mehr vom Leben. München: Südwest Verlag, 2. Aufl. 2001

- Löhr, Jörg / Pramann, Ulrich: So haben Sie Erfolg. München: Südwest Verlag, 5. Aufl. 2001

- Löhr, Jörg / Pramann, Ulrich / Dr. Spitzbart, Michael: Mehr Energie fürs Leben. München: Südwest Verlag, 4. Aufl. 2001

- Sprenger, Reinhard K.: Die Entscheidung liegt bei dir! Frankfurt am Main: Campus Verlag 1998

- Tracy, Brian: Thinking Big; Von der Vision zum Erfolg. Offenbach: Gabal Verlag, 3. Aufl. 2000

- Unternehmen Erfolg: Von den Besten profitieren. Offenbach: Gabal Verlag 2001

Zu diesem Themenkreis sind bereits erschienen:

Reinhard K. Sprenger:

30 Minuten für mehr Motivation

ISBN 3-89749-030-7

Eleri Sampson:

30 Minuten für die überzeugende Selbstdarstellung

ISBN 3-930799-91-X

Jutta Portner:

30 Minuten für perfekten Small Talk

ISBN 3-89749-042-0

Helmut Schlicksupp:

30 Minuten für mehr Kreativität

ISBN 3-89749-033-1

Brian Finch:

30 Minuten für professionelles Verhandeln

ISBN 3-930799-95-2

Fragen Sie in Ihrer Buchhandlung nach weiteren Bänden dieser Reihe, oder fordern Sie einen Verlagsprospekt an:

GABAL VERLAG
Schumannstr. 155, 63069 Offenbach
Tel.: 069/83 00 66-0; Fax: 069/83 00 66-66
E-Mail: info@gabal-verlag.de
www.gabal-verlag.de